Monstres et figurines
en pâte polymère

2e édition

Dorothée VANTORRE

CreaPassions
.com

Dans la même collection

CreaPassions.com
the place to be !

Le site des loisirs créatifs

Retrouvez tous nos ouvrages creapassions.com sur www.creapassions.com

■ recevez gratuitement notre astuce du jour ■ suivez l'actualité de nos ouvrages
■ et suivez toutes nos collections

Éditrice : Emmanuelle PROT
Tél. : 06 14 19 44 21 / Email : eprot@creapassions.com
Réalisation maquette : Vitrac & Son Prepress

ISBN 978-2-8141-0227-9

Vitrac & Son Publishing Ltd
11 Welbeck Street
London WIG 9XZ - United Kingdom
www.vitracandson.co.uk

La conception et l'impression des ouvrages sont 100% "made in Europe". Tous les papiers utilisés répondent aux normes européennes, nos imprimeurs ont des unités de production modernes et respectant les contraintes environnementales. Notre choix a également un impact direct sur l'emploi en Europe.

100% fabriqué en Europe

Sommaire

AVERTISSEMENT

La pâte polymère n'est pas un jouet, mais un médium artistique, aussi lisez attentivement ce qui suit.

Avant de commencer, lisez les instructions du fabricant.
Les projets expliqués dans ce livre, et la pâte polymère en général, sont destinés aux enfants à partir de 8 ans (et aux adultes bien sûr !) sous la surveillance d'un adulte.

La pâte polymère, crue ou cuite, ne doit surtout pas être ingérée, donc lavez-vous bien les mains avant et après sa manipulation. Évitez de manger pendant que vous modelez, et ne mettez jamais la pâte polymère ou des outils ayant servi à la manipuler en contact avec de la nourriture.

Certains des outils utilisés dans ce livre sont potentiellement dangereux : lames, cure-dents, aiguilles, c'est pourquoi la présence d'un adulte est indispensable.

Respectez absolument les températures de cuisson préconisées par le fabricant et ventilez la pièce dans laquelle a lieu la cuisson. Ne dépassez en aucun cas 130° C pour la cuisson, car des fumées toxiques se dégageraient alors. Si cela se produit, arrêtez immédiatement le four, ouvrez toutes les fenêtres, et sortez de la pièce jusqu'à complète dissipation des fumées.
Le contact prolongé de la pâte polymère avec le polystyrène, certaines matières plastiques et les surfaces vernies est à éviter. En cas de contact, nettoyez la surface avec un produit à base d'alcool.

Les modèles de cet ouvrage sont protégés par **le droit d'auteur** et ne sont pas destinés à la reproduction dans un but commercial.

1. Les bases de la pâte polymère

La pâte polymère

Il existe différentes marques de pâte polymère. En France, la marque Fimo est la plus répandue, mais on trouve aussi les marques Cernit ou Sculpey, Kato Polyclay ou d'autres marques, dans les magasins de loisirs créatifs ou sur Internet.

Tous les projets de cet ouvrage ont été réalisés avec de la pâte polymère de marque Fimo, mais sont bien sûr réalisables avec n'importe quelle autre marque de pâte, durcissante ou non.

La marque Fimo existe en trois versions : la version Soft, très malléable et idéale pour modeler des figurines, la version Effect, à la texture semblable à la Soft, mais avec des effets pailletés, métallisés, nacrés ou pastel, et la version Classic, qui est un peu plus difficile à travailler, mais mieux adaptée au travail du *millefiori*.

Les blocs de Fimo sont principalement commercialisés par pains de 56 g. Si, par la suite, vous devenez vraiment mordu de pâte polymère, sachez qu'elle se trouve aussi en conditionnement de 350 g. La Fimo existe également sous forme liquide, très utile pour réaliser de la fausse pâte à tartiner ou du coulis de fruits rouges plus vrai que nature.

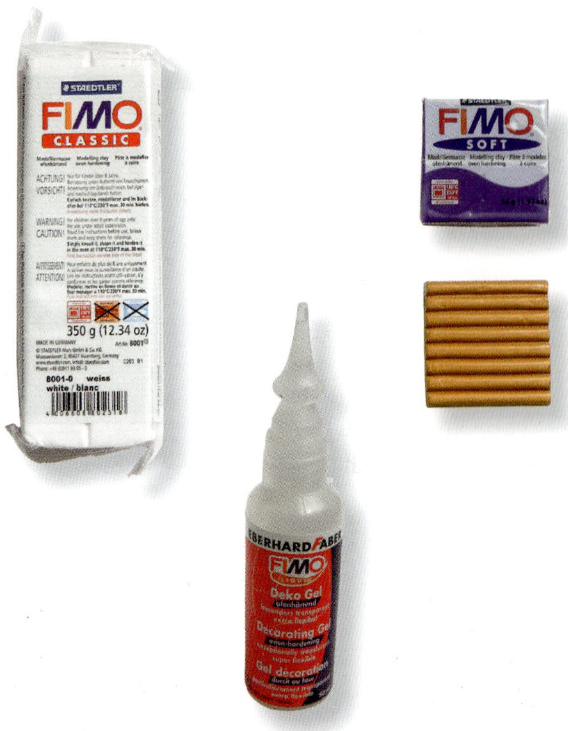

La pâte polymère

Les petits blocs de pâte Fimo sont divisés en huit parties, ce qui est très pratique pour mesurer les quantités de pâte et se souvenir des proportions pour un mélange.

Le schéma de la page précédente vous aidera à utiliser les bonnes quantités de pâte. Si vous utilisez une autre marque que Fimo, les quantités équivalentes sont indiquées.

Au début de chaque projet de ce livre, la quantité de pâte utilisée est indiquée en se référant à ces mesures. Lorsque la quantité n'est pas précisée, cela signifie qu'il en faut très peu.

Les couleurs

Il existe de nombreuses couleurs qui, comme la peinture, peuvent se mélanger entre elles pour en créer une variété infinie.
En plus des couleurs traditionnelles : rouge, jaune, etc., il existe de la pâte polymère luminescente qui brille dans le noir, des pâtes métallisées, nacrées, ou encore imitant des pierres (quartz ou jade).

La pâte polymère fonce très légèrement à la cuisson. Pour compenser ce phénomène, ajoutez-y un peu de pâte blanche.

Les pâtes très colorées (comme le rouge) ou foncées (noir) ont tendance à colorer les mains, aussi utilisez les couleurs les plus claires en premier et finissez avec les couleurs les plus foncées. Si cela n'est pas possible, lavez-vous les mains entre deux couleurs ou bien utilisez des lingettes pour bébé. Vous pouvez aussi utiliser des gants en latex ou en vinyle pour ne pas vous tacher les mains en manipulant les couleurs foncées.

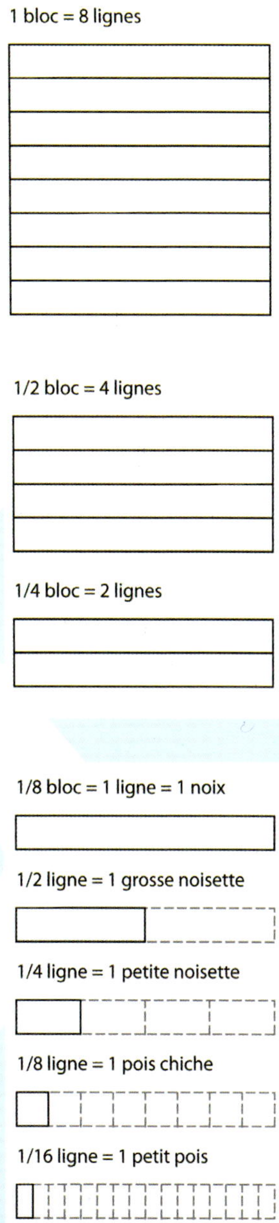

La pâte polymère

Lavez-vous toujours soigneusement les mains avant de commencer à créer, pour ne pas salir la pâte. Il est recommandé d'avoir les ongles courts et non vernis, pour ne pas marquer la surface !

Avant de commencer à modeler, préparez la pâte en la réchauffant, en la pliant et en la malaxant. Elle est prête lorsque vous parvenez à faire un boudin allongé.

Au cours de la préparation, évitez d'emprisonner de l'air dans la pâte, car cela peut provoquer des cloques et des fissures à la cuisson.

Pour préparer une grande quantité de pâte, il est plus facile de la diviser en plusieurs portions. Quand tous les morceaux sont prêts, assemblez-les à nouveau.

Selon les projets et vos préférences, vous voudrez utiliser de la pâte polymère plus ou moins molle. Une pâte dure est difficile à travailler, dans ce cas, mélangez-la avec de la pâte plus molle, de la même couleur ou blanche. Si elle est vraiment trop dure, n'insistez pas...

Une pâte molle se déforme facilement et prend davantage les empreintes de doigts. Si c'est le cas, faites-en une plaque fine et placez-la entre deux feuilles de papier. Celles-ci vont absorber une partie des solvants contenus dans la pâte. Au bout d'une heure ou deux, testez la consistance. Si la pâte est encore trop molle, laissez-la un peu plus longtemps, jusqu'à ce que vous obteniez la consistance souhaitée. Surtout, n'oubliez pas votre pâte toute une nuit sur le papier, car elle risquerait de se dessécher complètement ! Malaxez-la à nouveau. C'est prêt !

conseil

Avant d'acheter de la pâte polymère, testez sa souplesse à travers l'emballage, et évitez les blocs trop durs qui seront difficiles à travailler.

La pâte polymère

La cuisson

La cuisson est une étape essentielle, qui ne fait pas partie du jeu ; c'est pourquoi la présence d'un adulte est indispensable. Il faut avant tout respecter les instructions du fabricant en ce qui concerne la température et le temps de cuisson.

En général, la pâte polymère de marque Fimo se cuit à 110 °C pendant 30 minutes. Cette durée est parfaite pour les petits modelages. Si la figurine est plus épaisse, il peut être utile de prolonger la cuisson de 15 minutes pour que la chaleur pénètre bien au cœur de la pâte.
Si la température du four n'est pas assez élevée, les modelages resteront fragiles, et si la température dépasse 130 °C, la pâte polymère risque de brûler et de dégager des fumées toxiques.

conseil

Pour économiser de l'énergie, attendez d'avoir plusieurs figurines pour faire une cuisson.

Pour une cuisson optimale, préchauffez le four. Une fois la température atteinte, mettez-y vos modelages, en laissant la porte du four ouverte le moins longtemps possible pour ne pas perdre trop de chaleur. Quand la cuisson est terminée, attendez le complet refroidissement des objets pour les manipuler, car tant qu'ils sont chauds, ils restent fragiles, et surtout vous risqueriez de vous brûler.

La pâte polymère

Le four

La pâte polymère peut être cuite sans problème dans votre four ménager, si cela reste occasionnel. Il ne faut évidemment pas faire cuire de nourriture en même temps.
Si en revanche vous avez prévu de créer de nombreuses choses en pâte polymère, il pourra être utile d'investir dans un petit four réservé à vos créations.

Un four électrique permet d'obtenir une température beaucoup plus précise qu'un four à gaz. Surtout n'utilisez jamais de four à micro-ondes, et évitez la position gril !
Cuisez les figurines à mi-hauteur dans le four pour que la chaleur se répartisse uniformément, surtout pas trop près de la résistance !

Le thermomètre de four

C'est un accessoire presque indispensable, car la plupart des fours ne chauffent pas exactement à la température indiquée par le thermostat (il y a parfois des différences de 40 degrés en plus ou en moins). C'est un petit investissement (10 à 15 euros) qui en vaut vraiment la peine, car il n'y a rien de plus frustrant que de voir son travail partir en fumée. Il existe des thermomètres de four spéciaux pour la pâte polymère, mais un thermomètre de four ordinaire fera très bien l'affaire. Surveillez la cuisson de temps à autre pour vérifier que la température reste constante, et ajustez-la si nécessaire.

La pâte polymère

Le support de cuisson

Différents supports sont possibles.
Travailler sur un carreau de faïence permet de mettre les créations directement au four après les avoir finies, en limitant les manipulations. Préférez la faïence mate à la faïence brillante, car celle-ci marque le dessous des modelages, qui ont tendance à rester collés dessus. Si cela arrive, soulevez délicatement un côté de la figurine, une fois qu'elle est refroidie, en faisant bien attention à ne pas abîmer les parties saillantes.

Il est possible de cuire les figurines sur la plaque du four. Dans ce cas, posez-les sur du papier sulfurisé (papier pour la cuisson), ainsi elles se décolleront facilement.
La cuisson peut aussi se faire sur une feuille de papier blanc ordinaire. Posez les modelages sur la feuille au dernier moment pour qu'elle n'absorbe pas les solvants de la pâte polymère.
Évitez le papier aluminium qui a tendance à marquer la pâte et à y rester collé.
Pour cuire les perles ou les boucles d'oreilles, enfilez-les sur un support fait maison avec du fil métallique, cela évite les marques sous le modelage.

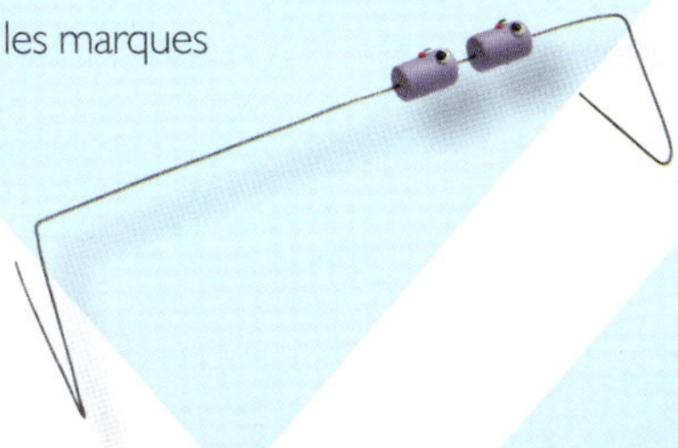

Conservation

La pâte polymère crue attire la poussière, c'est pourquoi il est recommandé de la stocker dans une boîte hermétique, en métal de préférence.
Ne mettez pas la pâte crue en plein soleil ou à proximité d'un radiateur, car elle risquerait de commencer à cuire et deviendrait inutilisable.

La pâte polymère cuite est inaltérable : elle ne se déformera pas, pas plus que ses couleurs ne changeront. Les détails : tentacules, antennes, yeux ou oreilles, et en général tout ce qui dépasse, sont plus fragiles, donc soyez attentifs lorsque vous manipulerez vos chefs-d'œuvre. Évitez aussi de passer les bijoux à la machine à laver !

La pâte polymère

Le plan de travail

Choisissez un endroit lumineux, près d'une fenêtre si possible. L'idéal pour travailler la pâte polymère est une surface en stratifié, ou un carreau en faïence ou en verre, sur laquelle vous pourrez couper sans risque de dégâts, ou un morceau de toile cirée réservé à cette activité. Ne posez jamais de pâte directement sur des surfaces en plastique ou vernies, car les solvants qu'elle contient risquent de les abîmer. Évitez aussi les surfaces en bois, poreuses, qui peuvent être tachées.

Pour modeler les figurines, travaillez sur un carreau de faïence (blanc, il perturbera moins votre perception des couleurs) qui pourra ensuite aller directement au four.

Le plan de travail doit être très propre. Avant et après le modelage, nettoyez-le avec du produit pour laver les vitres ou des lingettes pour bébé, et laissez sécher ou essuyez avec du papier absorbant.

La pâte polymère est magnétique et attire la poussière, les fibres des vêtements ou les poils d'animaux. Ne travaillez pas dans une pièce poussiéreuse ou en plein courant d'air, ne portez pas de vêtements sombres ou pelucheux pendant le modelage, et interdisez à vos animaux de compagnie l'accès au plan de travail.

Si des particules se collent à la surface de la pâte polymère, utilisez de la pâte adhésive (celle qui sert à fixer des affiches sur les murs) et tamponnez ou frottez délicatement la surface de la pâte. Ne la mélangez pas avec de la pâte polymère, cela la rendrait inutilisable.

Les outils

Le rouleau

Il sert à étaler des plaques de pâte d'épaisseur constante, à lisser une surface, ou encore à appliquer uniformément une texture sur une plaque de pâte.

Utilisez un rouleau en acrylique transparent ou une petite bouteille en verre lisse. Nettoyez-le régulièrement avec un produit à base d'alcool. Évitez les rouleaux en caoutchouc ou en bois qui s'abîment vite et risquent de faire des traces dans la pâte.

La pâte polymère

Les lames

Pour couper la pâte polymère, un couteau en plastique est idéal pour les plus jeunes. Pour les figurines plus complexes et les techniques plus élaborées comme le millefiori, les plus âgés pourront utiliser une lame spéciale, toujours sous la surveillance d'un adulte.

Les emporte-pièces

Ce sont des outils spéciaux pour découper des formes dans la pâte. Ils servent à l'origine à faire des biscuits, mais il existe maintenant un très grand choix d'emporte-pièces spécialement conçus pour la pâte polymère, avec une grande variété de motifs.

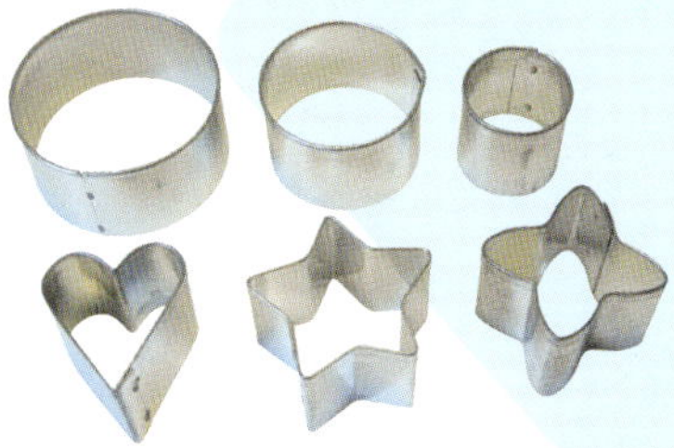

Les aiguilles et épingles

Elles servent à percer des perles ou des boucles d'oreilles.

Les outils de sculpture

Dans un premier temps, il n'est pas nécessaire d'investir dans du matériel spécialisé : on peut déjà faire beaucoup de choses avec des outils improvisés comme le bout d'un crayon, le manche d'un pinceau, des outils de manucure... Un simple cure-dent permet de percer, sculpter, graver, texturer, positionner précisément de petits éléments...

Par la suite, il peut être utile de compléter sa panoplie avec des outils spécialement créés pour sculpter la pâte polymère : stylets à bout rond, pointu, aplati...

Les outils pour la linogravure sont très intéressants également.

1. Outil fait maison avec une épingle et de la pâte polymère.
2. Ustensile de manucure (pratique pour faire des bouches).
3. Outil de sculpture double spécialement conçu pour la pâte polymère.
4. Pinceau.
5. Outil de sculpture double à bout plat et à bout arrondi.
6. Outil de sculpture double à bout pointu et à bout arrondi.
7. Outil pour la linogravure.

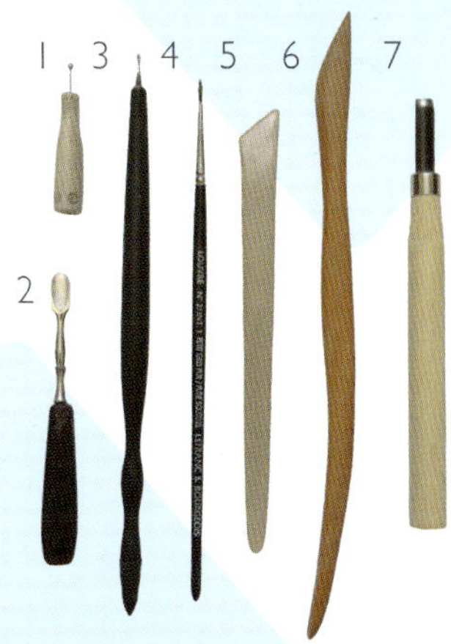

La pâte polymère

Textures

De nombreux objets peuvent être utilisés pour texturer la pâte : morceaux de dentelle ou de tissu, boutons, feuilles, épingles, aiguilles, cure-dents, coquillages, vis, papier aluminium froissé, brosse à dents, etc. N'hésitez pas à expérimenter !

Il existe même maintenant des feuilles de texture spécialement créées pour la pâte polymère.

Mesurer

Une règle ou une équerre en plastique transparent seront très utiles, par exemple pour diviser un boudin ou une plaque de pâte en morceaux égaux.

1

2

3

4

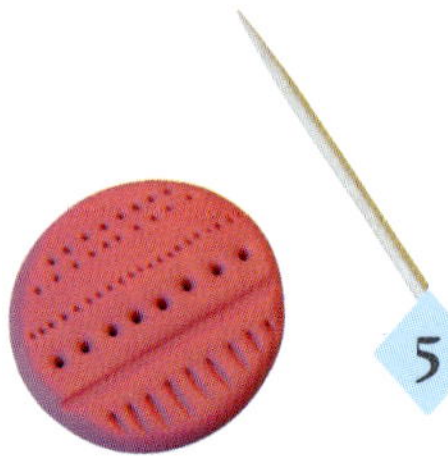
5

6

7

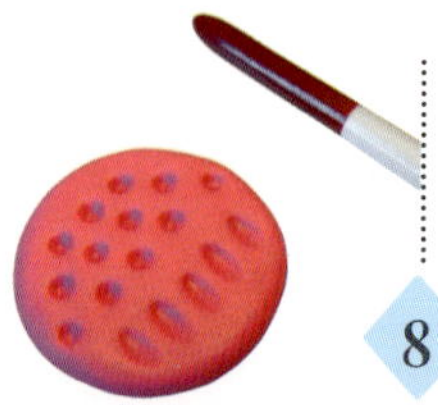
8

La pâte polymère

Vernis

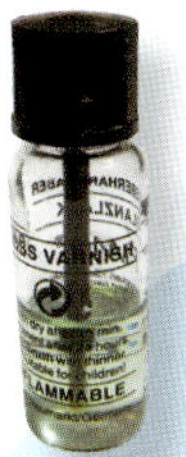

Il existe des vernis spéciaux pour la pâte polymère, mats ou brillants, à base d'eau ou de solvants. Les petits flacons sont pratiques, car leur bouchon est muni d'un pinceau, ce qui évite de devoir nettoyer le matériel après utilisation. Utilisez les vernis dans une pièce bien ventilée.
N'utilisez pas d'autres types de vernis, et surtout pas de vernis à ongles, car ils risquent de réagir avec la pâte.

Hormis Clotaire l'éclair, les figurines de ce livre ne sont pas vernies, mais vous pouvez tout à fait le faire si vous préférez un effet brillant.

La machine à pâte

La machine à pâte est mentionnée uniquement pour ceux qui veulent aller plus loin, car elle n'a pas du tout servi à la réalisation des figurines de ce livre, cependant elle fait aujourd'hui partie de la panoplie de tout polymériste professionnel.
Une machine à pâte (oui, pour faire des lasagnes !) permet principalement de faire des plaques de pâte d'épaisseur uniforme, et de mélanger les couleurs plus rapidement.
Après avoir utilisé une machine à pâte avec de la pâte polymère, il ne faut bien entendu plus jamais l'utiliser pour la cuisine.

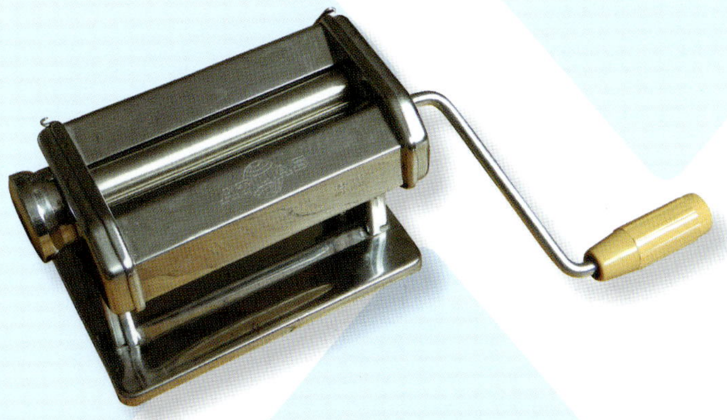

Apprêts pour le montage des bijoux

Il existe une multitude d'apprêts destinés à la création de bijoux : crochets pour boucles d'oreilles, attaches de broches, etc.

Clous de bijouterie

Attaches de broches

Crochet à visser

Attaches pour bijou de portable et porte-clé

Apprêt pour oreille percée et attache à clip

Fil métallique

Il est très utile pour fabriquer ses propres apprêts : crochets, fermoirs, etc. ou ses supports de cuisson. Il existe en plusieurs effets : argenté, doré, cuivré...

La pâte polymère

Pinces

Elles servent à couper et mettre en forme le fil métallique pour monter les bijoux et préparer des supports de cuisson.

1. Pince plate.
2. Pince coupante.
3. Pince à bouts ronds.

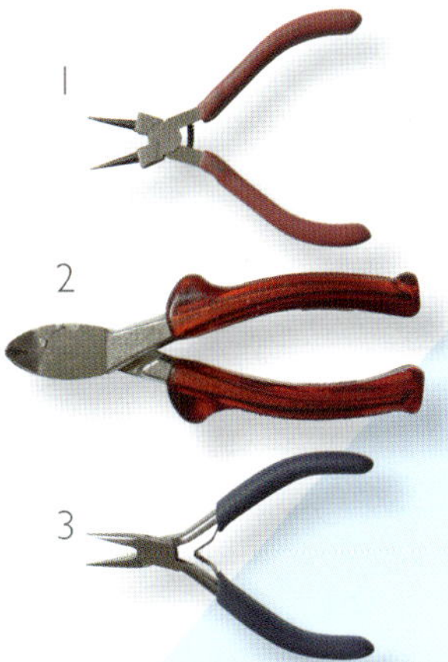

Colle

Super glu ou colle à deux composants. Ces colles extra-fortes sont des produits relativement dangereux qui doivent impérativement être manipulés par un adulte, dans un endroit bien ventilé.

Cordons et rubans

En cuir, satin, Liberty, organza... Prévoyez-en une longueur suffisante pour la passer autour de votre cou, passez-le dans le crochet d'un pendentif et faites un nœud.

2. Les techniques de modelage

Vous trouverez dans cette partie les techniques pour modeler les formes de base : boule, cône, cylindre, etc. Combinées entre elles, ces techniques vous permettront de créer des formes plus complexes.

La boule

Roulez un morceau de pâte dans la paume des mains sans trop appuyer pour ne pas l'écraser. Pour une petite boule, faites rouler un morceau de pâte entre le pouce et l'index.

Le cylindre court

Roulez un morceau de pâte polymère entre les mains pour l'allonger.
Lissez-le en le roulant sur le plan de travail.

Le cylindre allongé

Formez un cylindre court puis étirez-le.
Faites-le rouler sur le plan de travail en pressant progressivement avec les doigts pour garder une épaisseur constante jusqu'à obtenir la longueur voulue.

Le cône

Tournez la pâte dans une main tout en pinçant avec l'autre main pour créer une pointe.
Aplatissez la base du cône et roulez-le ensuite sur le plan de travail pour le lisser.

La boule

Le cylindre court

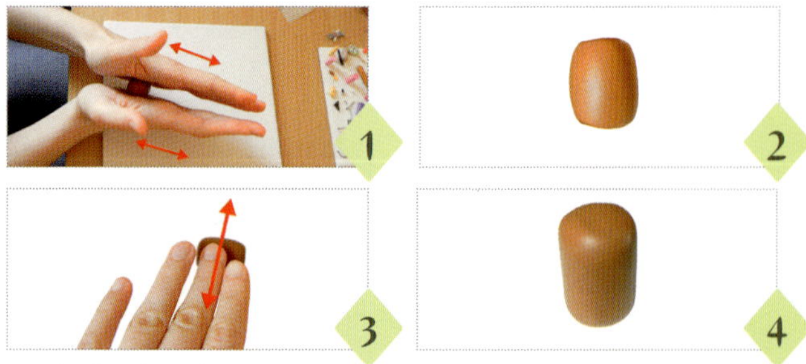

Le cylindre allongé

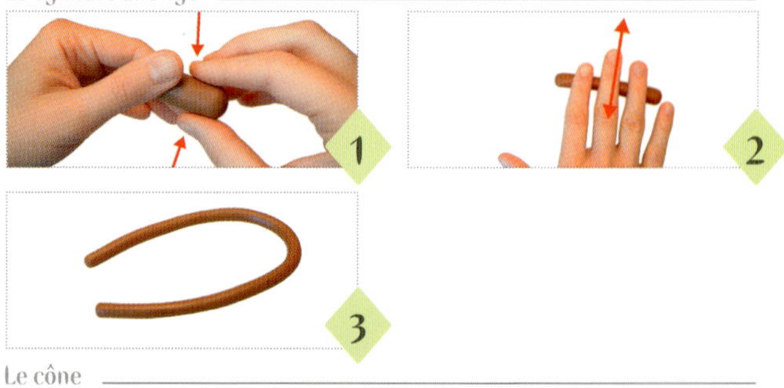

Le cône

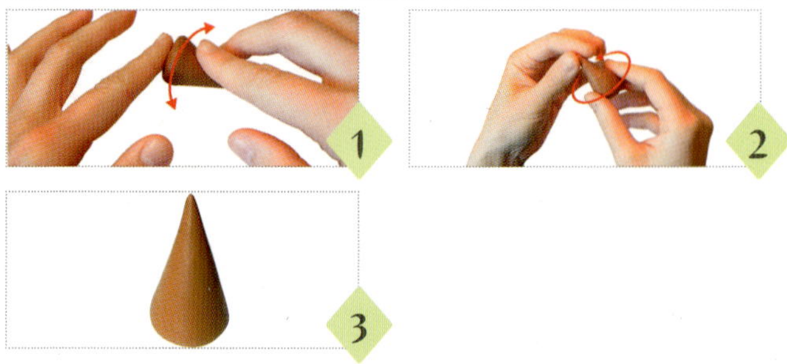

Les techniques de modelage

Le disque

Formez une boule puis aplatissez-la progressivement entre les doigts, tout en la faisant pivoter.

Passez le rouleau pour lisser, tournez le disque d'un quart de tour et redonnez un coup de rouleau.

Le parallélépipède

Partez d'une boule aplatie et formez un rectangle en pressant la pâte entre les doigts.

Égalisez la surface au rouleau.

La plaque

Faites un parallélépipède puis étalez-le au rouleau. Pour obtenir une épaisseur uniforme, placez de chaque côté de la pâte une pique à brochette ou un morceau de carton de l'épaisseur désirée.

Pour obtenir des morceaux de pâte polymère de la même taille

Préparez un cylindre, mesurez des intervalles réguliers à l'aide d'une règle, et découpez selon les marques. Vous pouvez aussi former une plaque dans laquelle vous découperez des morceaux avec un emporte-pièce, ceux-ci auront tous la même taille.

Le disque

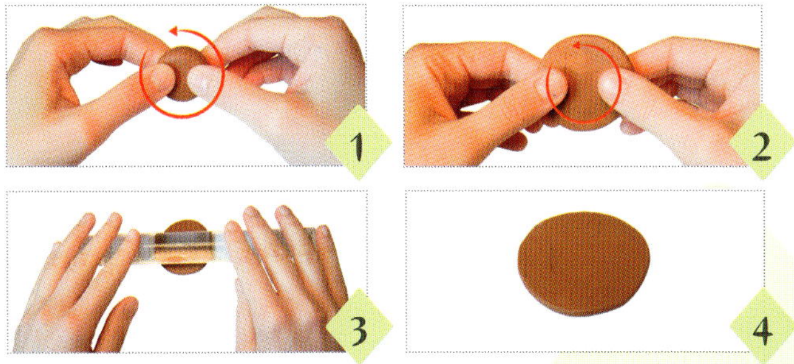

Le parallélépipède

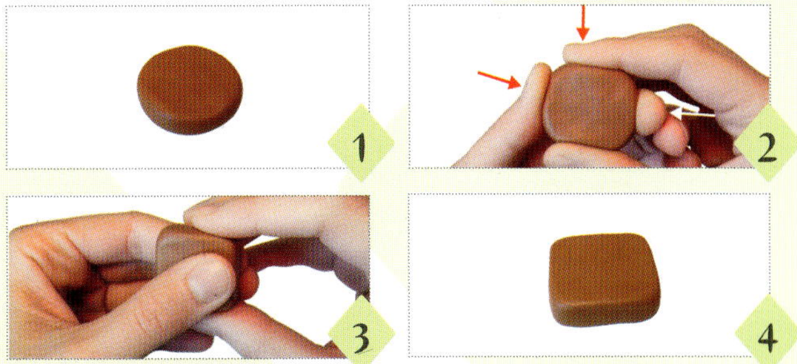

La plaque

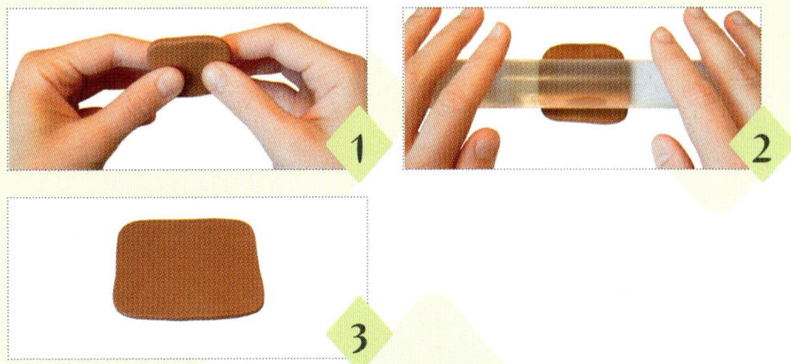

Morceaux de pâte polymère de la même taille

Les techniques de modelage

Les yeux

Il existe de nombreuses façons de faire des yeux, en voici quelques-unes.

Une première méthode consiste à superposer des petits disques de pâte. Formez deux boules blanches de même taille, aplatissez-les entre le pouce et l'index et placez-les sur le visage. Formez deux disques noirs légèrement plus petits et posez-les sur les premiers.

Une autre méthode permet de faire des yeux très réguliers et en série, cependant elle requiert l'usage d'une lame. Formez un cylindre blanc de 4 millimètres de diamètre environ et un cylindre noir de diamètre légèrement inférieur, découpez des tranches fines et superposez-les sur le visage.

Enfin, vous pouvez aussi faire des yeux avec la technique du millefiori (voir canne cible ci-après : page 25).
Si vous avez prévu de faire plusieurs figurines, préparez des yeux à l'avance pour gagner du temps.
Variez la forme et la position des éléments pour changer l'expression des visages.

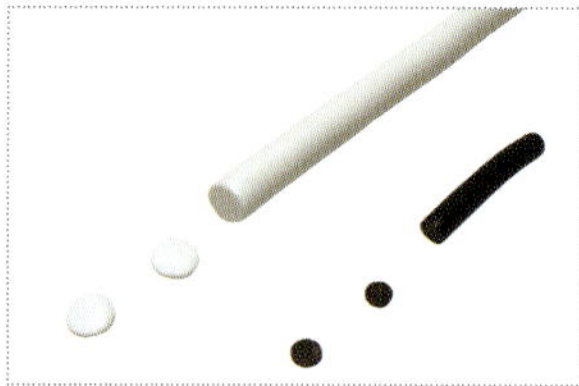

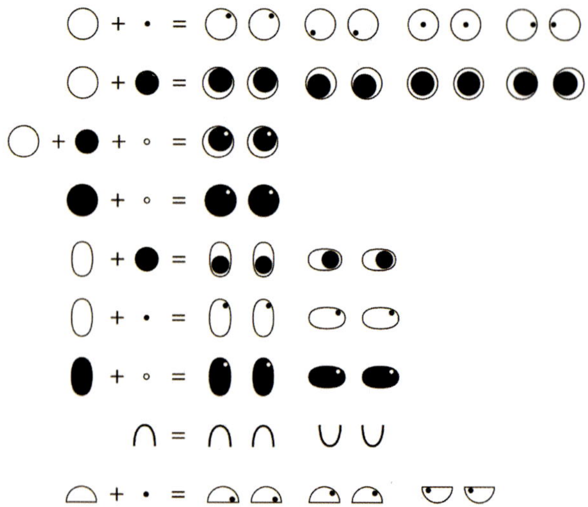

Les techniques de modelage

Les bouches

Dans ce livre, vous trouverez deux catégories de bouches : les « appliquées » et les « creusées ».
Les bouches creusées sont faites simplement avec un outil que l'on enfonce dans le visage.
Les bouches appliquées sont un élément que l'on rajoute sur le visage, par exemple, un disque ou un boudin.

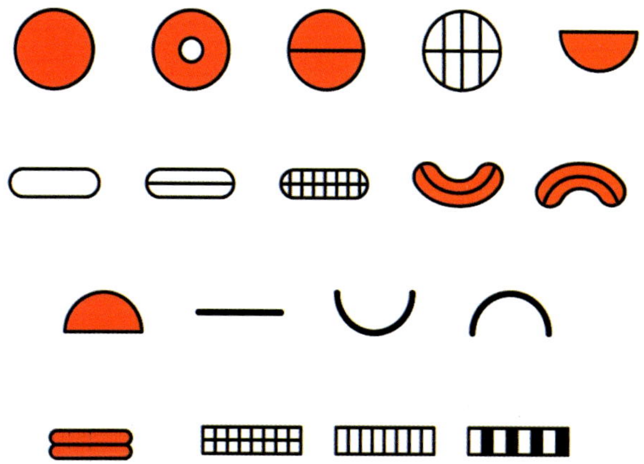

Faire du coulis de fruits rouges

Dans un petit récipient en verre ou en céramique, mélangez de la pâte polymère liquide et une pointe de peinture acrylique magenta à l'aide d'un cure-dent. Mettez très peu de peinture, juste assez pour teinter la pâte polymère.

Les techniques de modelage

Millefiori

Vous allez apprendre ici comment réaliser quelques cannes simples avec la technique du millefiori. Les cannes (ce mot vient de l'anglais) sont des rouleaux ou des blocs de pâte polymère comportant un motif qui apparaît lorsque l'on coupe des tranches.

Les exemples suivants sont en noir et blanc, mais cette technique peut bien entendu être réalisée avec n'importe quelle couleur.

Canne rayures

Réalisez deux plaques de pâte polymère épaisses d'environ 2 mm : une blanche et une noire.

Superposez ces plaques de pâte et passez le rouleau acrylique pour faire adhérer les deux épaisseurs.

Coupez cette plaque en deux parties égales et superposez-les. Donnez un coup de rouleau.

À nouveau, coupez en deux et superposez. Égalisez au rouleau.

Coupez une fine tranche sur chaque face pour nettoyer les bords.

Vous pouvez désormais couper des tranches et admirer le résultat !

Si vous trouvez les rayures trop épaisses, réduisez le bloc à l'aide du rouleau.

Canne spirale

Préparez et superposez deux plaques rectangulaires, une noire et une blanche. Soudez-les à l'aide du rouleau.

Pincez les deux côtés opposés afin de les terminer en arête.

Roulez la plaque sur elle-même en partant de l'un des côtés fins. Lissez la jonction.

Réduisez la canne en la pressant doucement entre les doigts ou laissez-la telle quelle, et roulez-la sur le plan de travail pour la lisser.

Coupez des tranches.

Cane rayures

Cane spirale

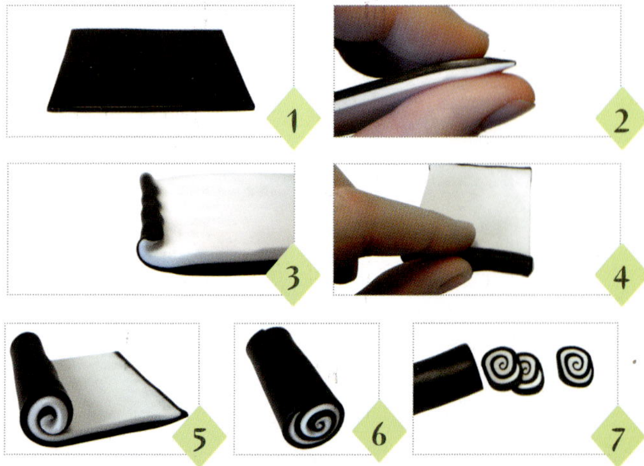

Canne cible

Préparez une plaque rectangulaire de pâte polymère blanche, et un cylindre et une plaque rectangulaire de pâte polymère noire. Recoupez les bords des plaques pour avoir des contours nets.
Posez le cylindre noir à une extrémité de la plaque blanche. Enroulez la plaque autour du cylindre.
Quand vous ne pouvez pas aller plus loin, déroulez légèrement la plaque ; une marque apparaît à l'endroit où les deux bords se sont touchés. Coupez juste avant cette marque.
Continuez à enrouler la plaque, les deux parties se rejoindront parfaitement. Rapprochez les bords et lissez.
En procédant de la même façon, enroulez la plaque blanche autour du cylindre. Vous pouvez vous arrêter là, ou ajouter autant de couches que vous le désirez.
Pour réduire la canne, pressez-la entre vos doigts pour l'amincir et l'étirer. Allez-y lentement pour ne pas la déformer. Une fois qu'elle a atteint la taille désirée, roulez-la sur le plan de travail pour la lisser. Vous pouvez désormais découper des tranches avec une lame aiguisée.
Il est possible de faire plusieurs tronçons de différentes tailles.

attention

Cette technique nécessite l'usage d'une lame, c'est pourquoi elle n'est pas destinée aux enfants de moins de 14 ans sous la surveillance d'un adulte.

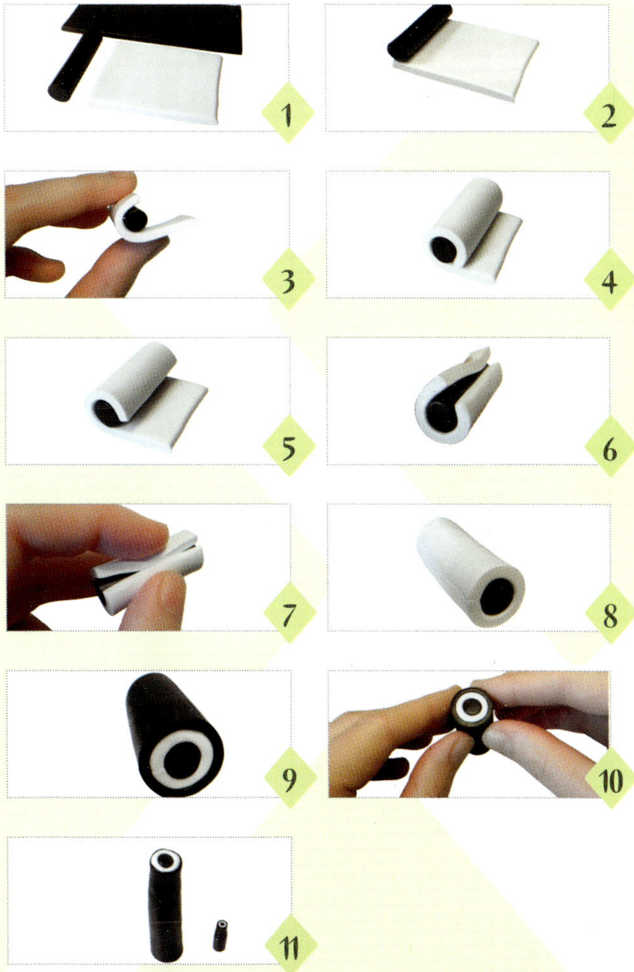

3. Transformer les figurines en bijoux

Voici quelques techniques simples pour réaliser vos propres bijoux.

Boucles d'oreilles

Choisissez une figurine simple, comme le rondin ou l'oiseau, et faites-en deux exemplaires miniatures.
Utilisez deux petites boules de pâte de la même taille pour faire les corps et formez les figurines.
Percez-les avec une aiguille.
Placez les éléments du visage, et dessinez les détails comme les moustaches. Cuisez les personnages 30 minutes à 110 °C, à plat ou enfilés sur un support de cuisson pour perles.
Passez un clou de bijouterie dans le corps de la figurine, courbez l'extrémité à l'aide de la pince à bouts ronds, entortillez le fil autour de lui-même en bloquant la boucle avec la pince, et coupez le métal excédentaire.
Écartez la boucle de l'attache de boucle d'oreilles avec la pince plate, passez-y le crochet du clou, et refermez.
Pour ne pas perdre vos boucles d'oreilles, utilisez des sécurités en silicone.
Variante pour faire un crochet avec des clous plus rigides : enfilez un clou dans la figurine, coupez le métal de façon à laisser 8 mm de fil. Pliez le métal et recourbez l'extrémité à l'aide de la pince à bouts ronds pour former une boucle.

conseil

Pour avoir des trous propres lorsque vous percez une perle, enfoncez l'aiguille d'un côté. Dès que la pointe ressort, retirez l'aiguille et enfoncez-la de l'autre côté.

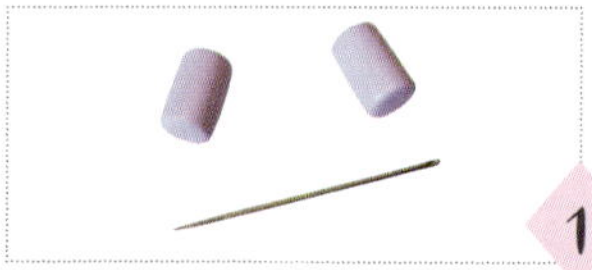
1

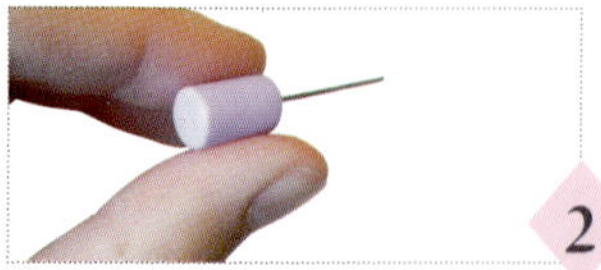
2

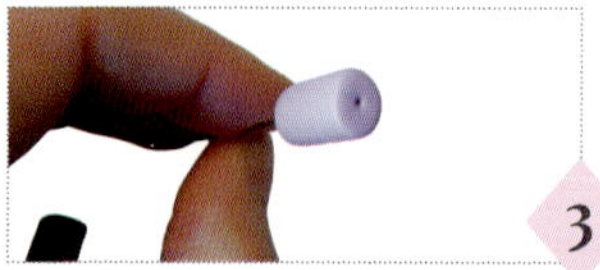
3

4

5

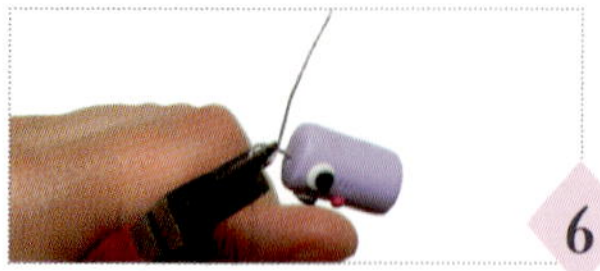
6

7

8

9

10

11

Transformer les figurines en bijoux

Broche

Choisissez une figurine que vous pouvez facilement faire à plat, comme le lapin ou la sucette, sans éléments saillants qui seraient trop fragiles.

Modelez la figurine et cuisez-la 35 minutes à 110 °C. La cuisson se fait directement à plat sur le plan de travail.

Après la cuisson, collez une attache de broche et laissez sécher : 5 minutes pour la super glu, 2 heures minimum pour la colle à deux composants !

Bijou de portable ou porte-clés

Choisissez une figurine simple, comme l'oiseau ou la goutte, sans éléments saillants qui risquent de se casser au fond d'un sac.

Modelez le corps de la figurine et percez-le avant d'ajouter les détails. Cuisez 30 minutes à 110 °C.

Enfilez un clou à tête plate dans la figurine, formez un crochet, coupez le métal en trop, et accrochez la boucle de l'attache pour portable ou porte-clés.

attention

Ne collez jamais l'attache de broche avant la cuisson, car la chaleur détruirait la colle.

Transformer les figurines en bijoux

Pendentif

Presque tous les modèles de ce livre peuvent être transformés en pendentifs, à condition qu'ils soient suffisamment compacts. Au besoin, adaptez-les : plaquez les bras, les poils ou la queue contre le corps.

Dans la plupart des cas, il suffit de visser un crochet dans la figurine à transformer en pendentif avant d'y ajouter les détails. Au besoin, ajoutez une pointe de super glu après la cuisson.

Passez un ruban ou un lien de cuir dans le crochet d'une figurine pour faire un collier. Fermez-le avec un nœud.

Pour les figurines se terminant en pointe, comme le cupcake à la crème ou le lutin, mieux vaut utiliser un clou de bijouterie transperçant toute la figurine pour plus de solidité. Reportez-vous au paragraphe *Bijou de portable ou porte-clés.*

Autres idées

L'éventail de ce que vous pouvez faire avec les figurines est quasiment illimité. Voici quelques suggestions.

Marionnette à bâton ou décoration pour pot de fleurs

Enfoncez une pique à brochette dans la base de la figurine avant d'y ajouter les détails. Ôtez la pique pour la cuisson.

Porte-photo ou marque-place

Avec une lame, faites une entaille dans le corps de la figurine, jusqu'à la moitié de la hauteur environ. Cuisez.

Embout de crayon

Enfoncez le bout d'un crayon dans le corps de la figurine. Si le crayon est en bois brut, vous pouvez le passer directement au four avec la figurine, sinon, ôtez le crayon sans déformer l'orifice, ajoutez les détails et cuisez.

4. Les projets

Les boules

Dans ce chapitre, vous apprendrez comment donner forme à de petits animaux et autres créatures simplement à partir d'une boule, et à leur insuffler vie et caractère grâce à des petits détails : des yeux, une bouche, des nageoires ou des oreilles, et voici Clérambault le chiot ou Odilon le poisson !

Les figurines présentées dans ce chapitre sont toutes réalisables en moins de 30 minutes.

Caston le chaton

Temps : 20 min / **Hauteur** : 2 cm

OUTILS :
- Cure-dent
- Couteau en plastique

MATÉRIEL :
- Corps : 7/8 de ligne de pâte polymère mauve (lilas)
- Oreilles et queue : 1/8 de ligne de pâte polymère mauve
- Yeux: pâte polymère noire et blanche
- Museau : pâte polymère noire

1. Conditionnez la pâte.

2. Faites le corps. Roulez une boule entre la paume des mains et aplatissez-la légèrement.

3. Pour les yeux, formez d'abord deux disques blancs, posez-les sur le corps, et exercez une légère pression pour les souder sans les écraser. De la même façon, créez deux disques noirs légèrement plus petits et superposez-les sur les disques blancs.

4. Pour le museau, ramollissez un petit morceau de pâte noire et faites-en un boudin très fin : tirez sur les extrémités pour l'allonger, en le roulant de temps en temps du bout des doigts.

5. Coupez deux morceaux de ce boudin, un morceau de 5 mm de long, légèrement courbé pour faire la bouche, et un autre morceau d'1,5 mm de long pour faire le museau.

conseil

Aidez-vous du cure-dent pour plier le fil de pâte.

Caston le chaton

6. Positionnez le museau sur le corps à l'aide du doigt ou du cure-dent, d'abord un morceau puis l'autre, et pressez tout doucement pour le fixer sans l'écraser.

7. Faites la queue. Divisez la pâte mauve restante en une boule de taille moyenne et deux boules plus petites que vous mettrez de côté. Formez avec la boule moyenne un cylindre de 3,5 cm de long.

8. Façonnez les oreilles avec les deux boules mises de côté. Pressez chaque petite boule entre trois doigts pour former un triangle.

9. Aplatissez entre le pouce et l'index et rectifiez la forme s'il le faut.

10. Courbez les oreilles.

11. Posez la queue et les oreilles sur le corps.

12. Avec la pointe du cure-dent, dessinez les moustaches.

13. Cuisez selon les instructions du fabricant.

conseil

Pour obtenir des fils très fins en pâte, il est plus facile de travailler avec des morceaux assez longs, quitte à ne pas tout utiliser. Ce fil peut ensuite resservir pour d'autres projets.

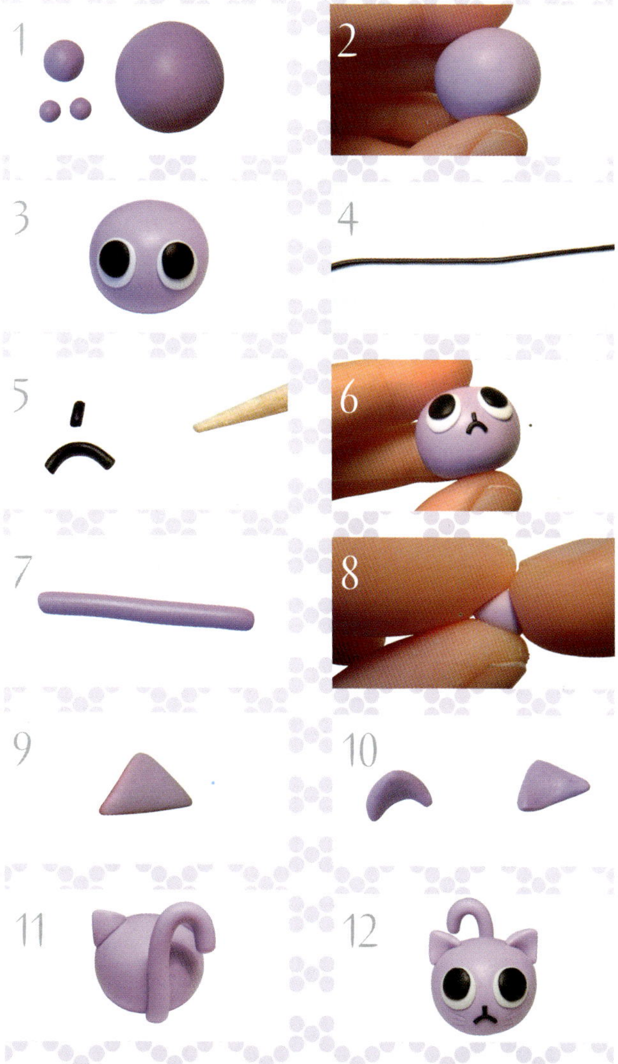

Odilon le poisson

Temps : 20 min / **Hauteur** : 2 cm

OUTILS :
- Cure-dent
- Couteau en plastique

MATÉRIEL :
- Corps : 1 ligne de pâte polymère orange (mandarine)
- Nageoires et queue : 1/8 de ligne de pâte polymère orange
- Yeux : pâte polymère noire et blanche

1. Conditionnez la pâte. Formez le corps : modelez une boule avec le gros morceau de pâte orange, et aplatissez-la légèrement entre le pouce et l'index. Mettez le corps de côté.

2. Pour créer la queue et les nageoires, divisez la pâte restante en cinq morceaux : un grand, trois moyens et un petit. Avec le plus gros morceau, façonnez la queue : formez un cylindre.

3. Pincez-le d'un côté.

4. Texturez les deux faces avec le cure-dent.

5. Fixez la queue sur le corps.

6. Avec deux des morceaux moyens, formez les nageoires latérales. Façonnez deux cônes.

7. Aplatissez-les et texturez avec le cure-dent.

8. Fixez une nageoire de chaque côté du corps.

conseil

Aidez-vous du cure-dent pour plier le fil de pâte.

Odilon le poisson

9. Pour la nageoire dorsale, procédez de la même façon que pour les nageoires latérales.

10. Texturez les deux faces.

11. Fixez la nageoire sur le dos sans écraser les nageoires latérales.

12. Placez les yeux, d'abord un disque blanc puis une minuscule boule noire.

13. Avec le dernier morceau de pâte, faites une boule, puis aplatissez-la pour former un disque. Posez-le à l'emplacement de la bouche et faites un trou au centre avec le cure-dent.

14. Cuisez selon les instructions du fabricant.

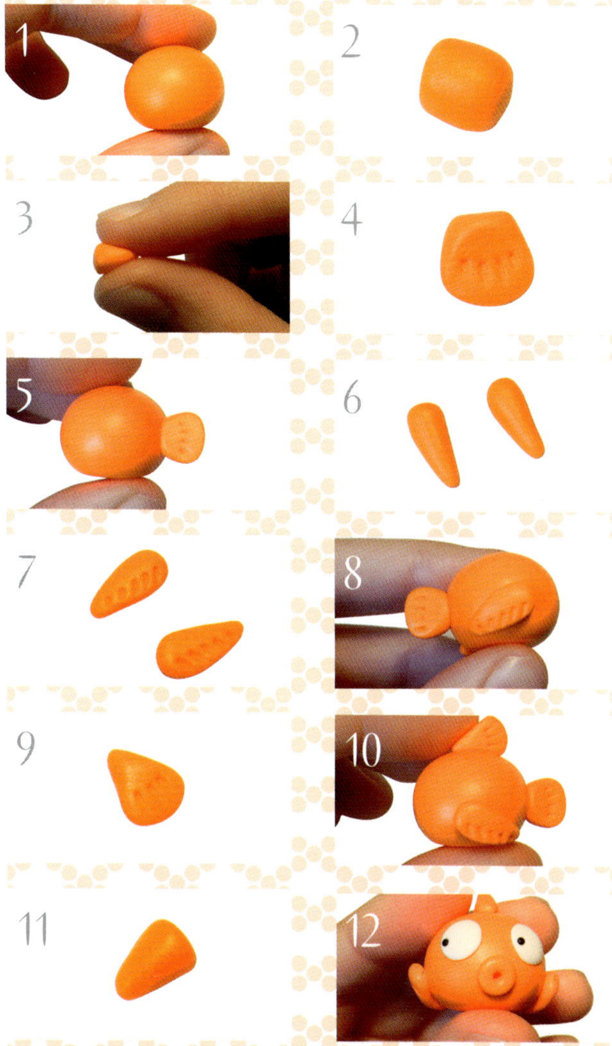

Clérambault le chiot

Temps : 20 min / **Hauteur** : 2 cm

OUTILS :
- Cure-dent

MATÉRIEL :
- Corps : 1,5 ligne de pâte polymère blanche pour le corps et la queue + 1/16 de ligne de pâte polymère ocre (caramel) pour les oreilles et la tache
- Queue : l'équivalent d'un grain de riz de pâte polymère blanche
- Yeux : pâte polymère noire et blanche
- Truffe : pâte polymère noire

1. Conditionnez la pâte. Faites le corps. Modelez une boule avec la pâte blanche et formez le museau en pinçant une petite partie de la boule entre les doigts, en pressant et en tournant peu à peu pour créer une pointe. Ajustez la pointe du museau.

2. Aplatissez doucement la base du corps pour que le chiot tienne debout. Lissez avec les doigts.

3. Divisez la pâte ocre en trois boules de même taille.

4. Avec l'une des boules, formez un ovale aplati.

5. Fixez-le à côté du museau, à l'emplacement de l'un des yeux, pour créer la tache.

6. Posez les yeux, d'abord deux disques noirs puis deux minuscules boules blanches pour créer des reflets.

conseil

Aidez-vous du cure-dent pour plier le fil de pâte.

Clérambault le chiot

7. Enfoncez la pointe du cure-dent pour former la bouche.

8. Posez une petite boule noire pour la truffe.

9. Faites les oreilles avec les deux boules ocre restantes. Façonnez deux petits boudins légèrement aplatis.

10. Fixez les oreilles sur le dessus du corps.

11. Faites la queue avec le reste de pâte blanche. Roulez un petit boudin pointu à une extrémité.

12. Fixez la queue à l'arrière du corps.

13. Cuisez selon les instructions du fabricant.

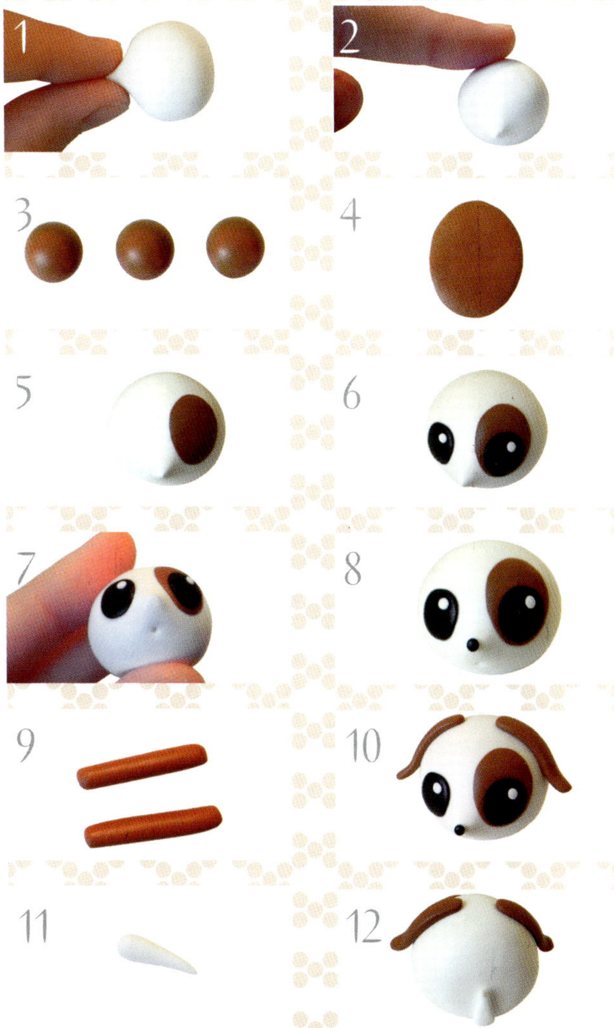

conseil

Lavez-vous bien les mains avant de manipuler du blanc ou des couleurs claires.

Valentin le poussin

Temps : 15 min / **Hauteur** : 2 cm

OUTILS :

- Cure-dent

MATÉRIEL :

- Corps : 1 ligne de pâte polymère jaune (tournesol)
- Yeux : pâte polymère noire et blanche
- Bec : pâte polymère noire

1. Conditionnez la pâte. Formez une boule avec la pâte jaune.

2. Modelez l'arrière-train. Pincez une partie de la boule entre les doigts, pressez et tournez peu à peu pour créer une pointe.

3. Recourbez l'arrière-train et appuyez légèrement sur le poussin pour aplatir la base.

4. Préparez les yeux avec deux disques noirs et deux petites boules blanches pour les reflets. Modelez un petit cône de pâte noire pour faire le bec. Posez les yeux et le bec, appuyez légèrement pour qu'ils se collent, sans les écraser. Avec le cure-dent, faites deux petits trous dans le bec.

5. Tracez à l'aide de l'aiguille de petites lignes sur les flancs pour représenter les ailes.

6. Cuisez selon les instructions du fabricant.

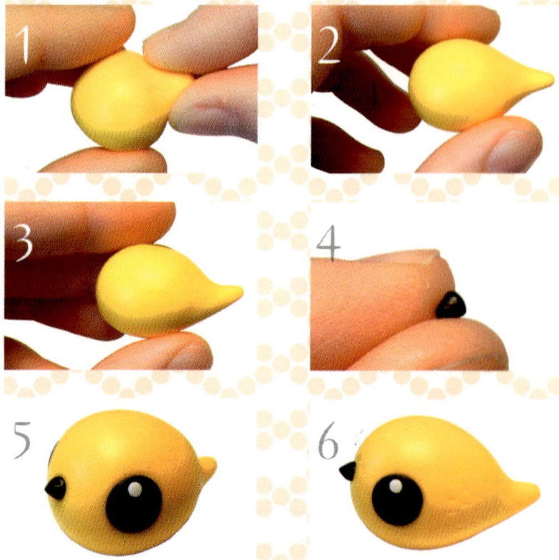

Plic Ploc la goutte

Temps : 15 min / **Hauteur :** 3 cm

MATÉRIEL :

- Corps : 1,5 ligne de pâte polymère bleu turquoise (menthe)
- Yeux et bouche : pâte polymère noire et blanche

1. Conditionnez la pâte. Faites le corps. Modelez une boule avec la pâte turquoise, et divisez la boule noire en trois boules de la même taille. Formez la goutte en pinçant la boule bleue tout en tournant pour créer une pointe. Aplatissez légèrement la base pour que la goutte ne roule pas. Lissez avec les doigts pour effacer les empreintes.

2. Pour les yeux : formez deux disques avec deux des boules noires. Pour la bouche, formez un boudin avec la boule restante. Posez les yeux et la bouche sur le corps, pressez doucement pour une meilleure adhérence.

3. Préparez de toutes petites boules blanches.

4. Posez-les sur les yeux pour faire les reflets et sur la bouche pour faire les dents.

5. Cuisez selon les instructions du fabricant.

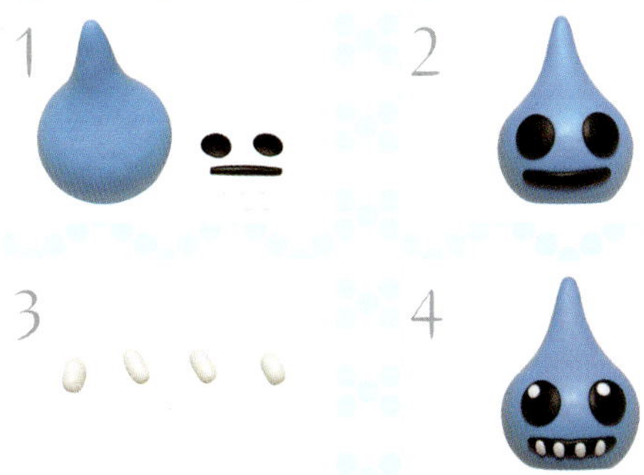

conseil

Pour garder la pâte bien blanche, lavez-vous les mains après avoir manipulé des pâtes colorées.

Les formes

Dans ce chapitre, vous verrez comment faire apparaître d'étranges créatures à partir de formes géométriques toutes simples : Mathurin le rondin, Arthémond Toutenjambe, champion de course à pied, Aloysiau l'oiz'O, drôle d'hybride entre une lettre et un volatile, Solange le rectangle, qui a trop regardé la télévision, Nathanaël le lutin malicieux, ou encore Martin le diablotin.
Mais n'ayez pas peur : ces drôles d'énergumènes sont très gentils !

Mathurin le rondin

Temps : 15 min / **Hauteur** : 3 cm

OUTILS :
- Cure-dent
- Bouton ou petit objet comportant un motif en relief

MATÉRIEL :
- Corps : 1 ligne de pâte polymère de couleur pastel (ici, du mauve)
- Yeux : pâte polymère noire et blanche
- Bouche : pâte polymère rose (framboise)

1. Conditionnez la pâte. Pour faire le corps, formez un cylindre (reportez-vous à la partie Techniques de base page 20). Aplatissez les extrémités. Roulez le cylindre sur le plan de travail pour le lisser.

2. Avec le bouton, imprimez une fois le motif à l'endroit du nombril, en veillant à ne pas écraser le cylindre.

3. Placez le blanc des yeux puis le noir. Posez la bouche et enfoncez la pointe du cure-dent au centre.

4. Cuisez selon les instructions du fabricant.

1

2
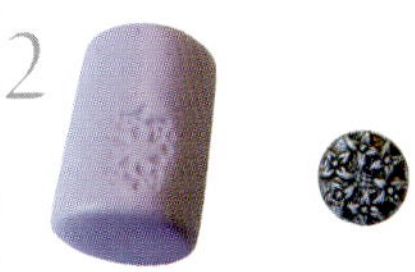

3

Arthémond Toutenjambe

Temps : 15 min / **Hauteur :** 4,5 cm

OUTILS :
- Cure-dent
- Pinceau ou stylo pour la texture

MATÉRIEL :
- Corps : 1,25 ligne de pâte polymère violette (prune)
- Yeux : pâte polymère noire et blanche
- Bouche : pâte polymère rose (framboise)
- Joues : pâte polymère rose clair (rosé)

1. Conditionnez la pâte. Faites le corps. Réchauffez la pâte violette et formez un cylindre d'environ 10 cm de long avec les extrémités plus larges et aplaties.

2. Texturez le corps en piquetant avec le manche du pinceau ou le cure-dent. Pliez le corps en deux.

3. Placez les éléments du visage. Posez la figurine debout sur le plan de travail, vérifiez qu'elle tient bien debout, redressez-la si nécessaire.

4. Cuisez selon les instructions du fabricant.

1

2

3

attention

Vérifiez toujours que le personnage est bien d'aplomb. Tant qu'il est cru, il adhère au plan de travail et reste debout, mais une fois cuit, il risque de tomber si son centre de gravité est mal placé.

Nathanaël le lutin

Temps : 40 min / **Hauteur :** 7 à 8 cm

OUTILS :

- Cure-dent
- Couteau en plastique
- Outil pour la linogravure à embout en demi-cercle
- Pinceau
- Aiguille
- Morceau de dentelle pour la texture (facultatif)

MATÉRIEL :

- Corps/bonnet : 3 lignes de pâte polymère vert clair (vert pomme)
- Chaussures et pompon : 1/8 de ligne de pâte polymère bleu turquoise (menthe)
- Bras, jambes, disques: 1/8 de ligne de pâte polymère orange (mandarine)
- Yeux : pâte polymère noire et blanche
- Visage : un pois de pâte polymère couleur chair (Sahara)
- Joues : pâte polymère rose clair (lavande)

Nathanaël le lutin

1. Conditionnez la pâte. Faites le corps. Réchauffez la pâte verte et formez un cône entre les doigts (reportez-vous à la partie Techniques de base page 20). Égalisez la forme en roulant le cône sur le plan de travail. N'appuyez pas trop fort pour éviter les marques de doigts. La base du cône doit être aplatie.

2. Texturez le cône (étape facultative). Étalez un morceau de dentelle sur le plan de travail. Posez le cône sur le morceau de dentelle et faites-le rouler une fois, en exerçant une pression ferme et régulière, de façon à imprimer toute la surface.

3. Faites le visage avec la pâte couleur chair. Formez un petit boudin puis aplatissez-le. Posez le visage sur le corps.

4. Préparez les yeux avec deux minuscules boudins de pâte blanche aplatis.

5. Posez les yeux et les joues, formez la bouche en enfonçant une fois l'outil à bout en demi-cercle (ou un cure-dent).

6. Préparez les chaussures et le pompon. Avec la pâte bleu turquoise, formez un cylindre et coupez-le en trois parties égales.

conseil

Calez le morceau de dentelle en rabattant les extrémités sous le carreau de faïence.

Nathanaël le lutin

7. Avec le premier morceau, faites une boule pour le pompon. Percez un trou dans le pompon avec l'extrémité du pinceau.

8. Placez le pompon au sommet du bonnet et piquetez-le avec le cure-dent.

9. Avec les deux morceaux restants, modelez les chaussures.

10. Faites deux petits boudins.

11. Aplatissez-les légèrement. Mettez-les de côté.

12. Faites les bras et les jambes : avec la moitié de la pâte orange, formez un cylindre d'environ 6 cm de long puis coupez-le en quatre parties égales.

13. Pliez deux morceaux de pâte orange pour faire les bras, les deux autres morceaux seront les jambes.

14. Fixez les jambes aux chaussures en appuyant doucement.

15. Placez les jambes sous le corps. Pressez légèrement pour les solidariser, et remettez le lutin debout.

16. Appuyez avec une aiguille pour dessiner la semelle des chaussures.

17. Faites les pompons avec l'autre moitié de la pâte orange. Modelez trois boules de même taille et aplatissez-les légèrement. Décorez le bonnet du lutin avec les disques orange, et texturez-les avec le cure-dent.

18. Cuisez selon les instructions du fabricant.

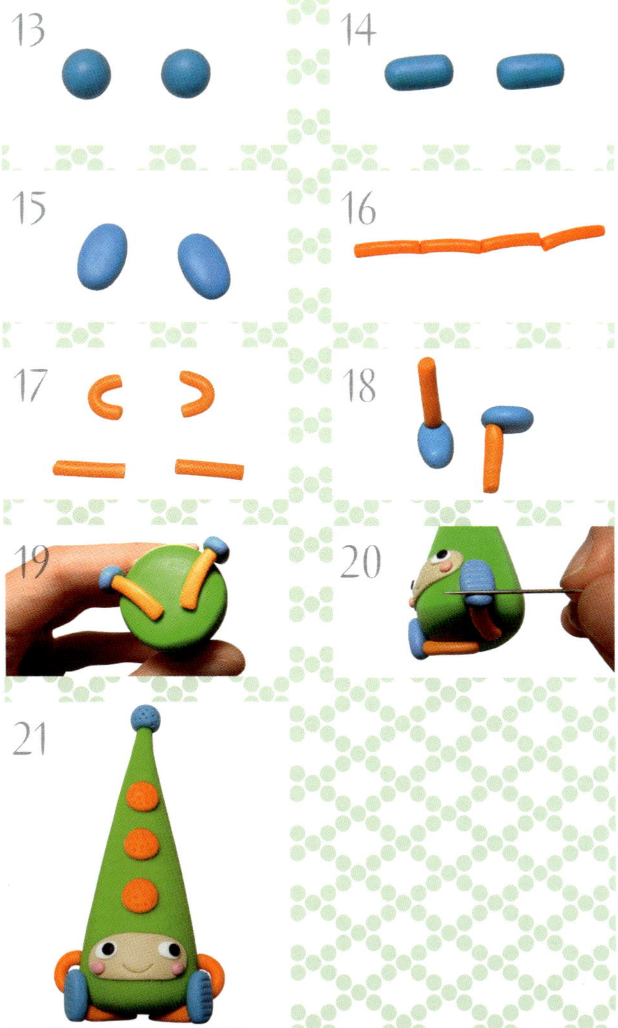

Aloysiau l'oiz'O

Temps : 20 min / **Hauteur** : 4 cm

OUTILS :

- Cure-dent

MATÉRIEL :

- Corps : 7/8 de ligne de pâte polymère mauve (lilas)
- Pieds : 1/8 de ligne pâte polymère orange (mandarine)
- Yeux : pâte polymère noire et blanche
- Bec : pâte polymère jaune (tournesol)
- Joues : pâte polymère rose (framboise)

1. Conditionnez la pâte. Pour faire le corps, formez un boudin avec la pâte lilas.

2. Recourbez le boudin et appuyez pour joindre les extrémités.

3. Roulez doucement la pâte entre vos doigts pour effacer la jonction.

Aloysiau l'oiz'O

4. Placez les yeux, le bec et les joues en appuyant un peu sans les écraser. Faites les narines avec le cure-dent.

5. Pour les pieds, divisez la pâte orange en deux boules de même taille, aplatissez-les un peu. Posez les pieds sur le plan de travail à quelques millimètres de distance l'un de l'autre. Positionnez le corps sur les pieds. Il faut qu'ils dépassent autant à l'arrière qu'à l'avant pour avoir un bon équilibre. Marquez les doigts de pieds avec le cure-dent. Cuisez selon les instructions du fabricant.

attention

Vérifiez toujours que le personnage est bien d'aplomb. Tant qu'il est cru, il adhère au plan de travail et reste debout, mais une fois cuit, il risque de tomber si son centre de gravité est mal placé.

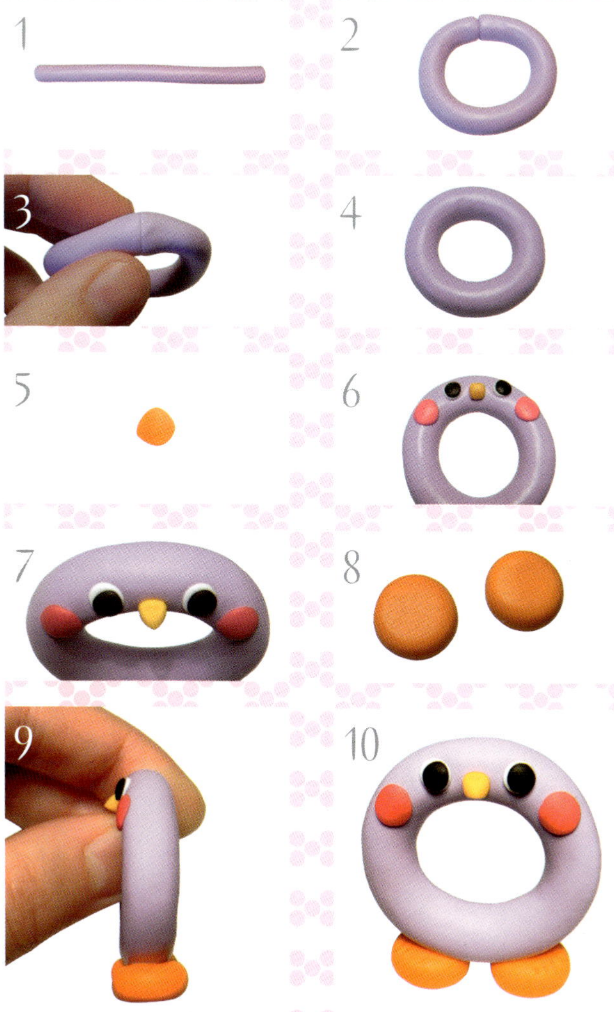

Solange le rectangle

Temps : 25 min / **Hauteur :** 4 cm

OUTILS :
- Cure-dent

MATÉRIEL :
- Corps : 1,5 ligne de pâte polymère mauve (lilas)
- Bras et pieds : 3/8 de ligne de pâte polymère dorée
- Yeux : pâte polymère noire et blanche
- Bouche : un petit pois de pâte polymère rouge (cerise)
- Joues : pâte polymère rose clair (lavande)

1. Conditionnez la pâte.

2. Avec la pâte mauve, formez un parallélépipède (reportez-vous à la partie Techniques de base page 21). Ébauchez d'abord la forme grossièrement, puis passez le rouleau en acrylique pour lisser et régulariser la surface.

3. Piquetez toutes les faces avec le cure-dent.

4. Placez les yeux et les joues, appuyez légèrement pour les fixer.

5. Pour la bouche, formez un petit disque épais avec la pâte rouge. Posez le cure-dent au milieu et appuyez pour marquer la ligne des lèvres. Fixez la bouche sur le visage.

6. Divisez la pâte dorée en trois boules identiques. Avec deux de ces boules, faites les pieds. Façonnez des cônes et aplatissez légèrement leur pointe entre le pouce et l'index (cela servira à poser le corps par la suite). Avec le cure-dent, marquez les doigts de pieds.

Solange le rectangle

7. Positionnez les pieds, légèrement espacés, sur le plan de travail.

8. Posez le corps sur les pieds et appuyez légèrement.

9. Faites les bras. Avec la dernière boule dorée, formez un cylindre de 7 cm de long. Coupez ce cylindre en deux tronçons de même longueur. Aplatissez une extrémité de chaque tronçon. Marquez les doigts avec le cure-dent.

10. Fixez la base des bras de chaque côté du corps. Courbez les bras et posez les mains sur le dessus de la tête. Appuyez pour bien fixer les bras.

11. Cuisez selon les instructions du fabricant.

attention

Vérifiez toujours que le personnage est bien d'aplomb. Tant qu'il est cru, il adhère au plan de travail et reste debout, mais une fois cuit, il risque de tomber si son centre de gravité est mal placé.

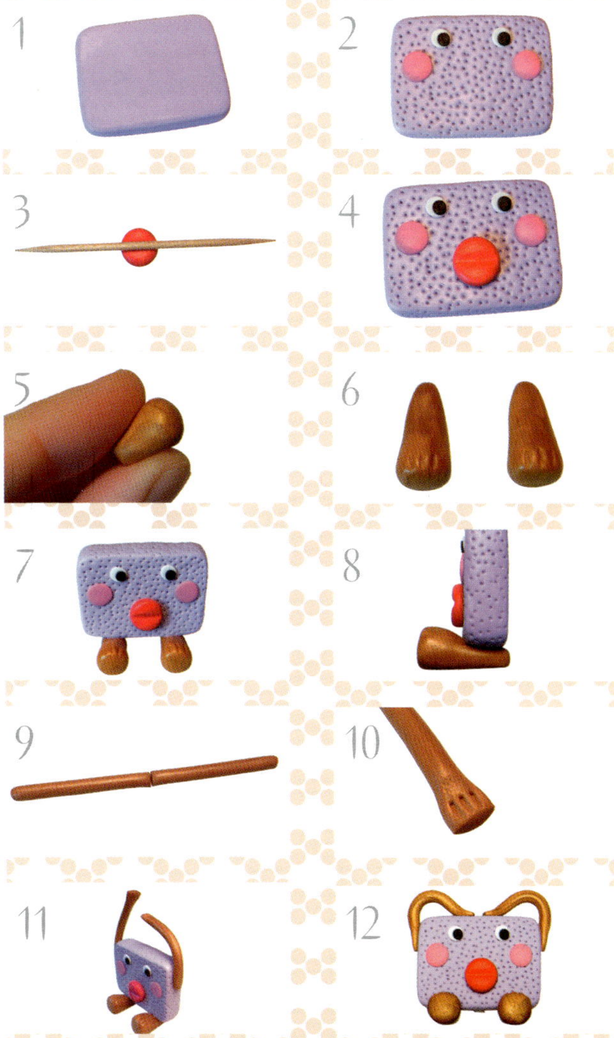

Martin le diablotin

Temps : 40 min / **Hauteur** : 5 cm

OUTILS :
- Cure-dent
- Aiguille
- Lame (à manipuler impérativement sous la surveillance d'un adulte)

MATÉRIEL :
- Corps : 2,5 lignes de pâte polymère rouge (cerise)
- Bras et pieds : 1 ligne de pâte polymère rouge (cerise)
- Yeux : pâte polymère noire et blanche
- Cornes et griffes : un pois chiche de pâte polymère blanche
- Bouche : canne rayée noire et blanche

1. Conditionnez la pâte. Pour faire le corps, modelez un parallélépipède avec les deux lignes de pâte rouge (reportez-vous à la partie Techniques de base page 21). Lissez avec le rouleau.

2. Avec le reste de pâte rouge, formez quatre boules : deux grosses et deux petites. Avec les deux petites boules, formez deux disques épais pour les pieds.

3. Avec les deux grosses boules, façonnez deux cônes allongés de 3,5 centimètres de long pour faire les bras.

4. Fixez les pieds sous le corps puis les bras sur les côtés.

attention

Préparez une canne de millefiori et utilisez une lame.

Martin le diablotin

5. Faites la bouche avec un morceau de millefiori rayé. Coupez une tranche dans la canne, puis recoupez-en une lanière. Courbez très légèrement cette bande rayée pour former un sourire.

6. Appliquez la bouche et les yeux sur le visage. Créez le nombril avec la pointe du cure-dent.

7. Divisez le pois chiche de pâte blanche en trois boules.

8. Façonnez deux petites cornes avec la pâte blanche, puis posez-les sur le sommet de la tête.

9. Pour les griffes, divisez la dernière boule de pâte blanche en douze boules minuscules, puis donnez-leur une forme pointue en les roulant une par une entre le pouce et l'index. Mettez-les en place au bout des bras et des pieds.

10. Cuisez selon les instructions du fabricant.

attention

Avant de vous occuper des détails, lavez-vous bien les mains, car la pâte rouge tache beaucoup et risquerait de teinter la pâte blanche.

Il est possible de faire la bouche simplement avec un morceau de pâte blanche sur lequel les dents seront représentées à l'aide d'un cure-dent.

Les gourmands

Apprenez dans ce chapitre comment réaliser des personnages à croquer.
Craquez pour les triplés de guimauve ou un cupcake qui vous fera tourner la tête, soufflez vos bougies avec un cheese-cake venu tout droit de New York.
À consommer sans modération : vous n'aurez pas d'indigestion !

Guy, Guillemette et Guillaume, les triplés de guimauve

Temps : 30 min / **Hauteur** : 4,5 cm

OUTILS :

- Outil de sculpture pour faire la bouche de la guimauve jaune

MATÉRIEL :

- Corps de Guy : 3/4 de ligne de pâte polymère blanche + 1/4 de ligne de pâte polymère jaune citron
- Corps de Guillaume: 7/8 de ligne de pâte polymère blanche + 1/8 de ligne de pâte polymère rose (framboise)
- Corps de Guillemette : 1 ligne de pâte polymère blanche
- Yeux : pâte polymère noire et blanche
- Joues : pâte polymère rose
- Bouche : pâte polymère rose (framboise)

1. Conditionnez la pâte et mélangez les couleurs pour obtenir une boule blanche, une boule rose pâle et une boule jaune. Modelez avec chaque couleur un cylindre d'environ 4,5 cm de long aux extrémités aplaties. Positionnez les trois cylindres côte à côte.

2. Torsadez lentement et délicatement les cylindres entre les doigts, sans les écraser.

3. Posez la guimauve verticalement sur le plan de travail et vérifiez sa stabilité, au besoin appuyez légèrement pour aplatir la base.

4. Préparez les yeux, bouches, joues, et placez les éléments sur les visages, en faisant attention à ne pas écraser les éléments qui sont déjà posés.

5. Cuisez selon les instructions du fabricant.

Henriette la sucette

Temps : 25 min / **Hauteur** : 3,5 cm

MATÉRIEL :

- Sucette : 1 ligne de pâte blanche + 1/4 de ligne d'orange (mandarine) + 1/4 de ligne de jaune (citron)
- Yeux : pâte polymère noire et blanche
- Bouche : pâte polymère rose (framboise)
- Joues : pâte polymère rose clair (lavande)
- Bâton de la sucette : un cure-dent

1. Conditionnez les pâtes de différentes couleurs et formez trois cylindres de 6 cm de long.

2. Collez un cylindre de pâte colorée de chaque côté du cylindre blanc et pressez avec les doigts pour enfoncer les pâtes colorées dans la pâte blanche.

3. Quand le jaune et l'orange sont suffisamment enfoncés dans le blanc, lissez et allongez le cylindre en le roulant sur le plan de travail jusqu'à ce qu'il mesure environ 15 cm de long.

4. Saisissez une extrémité du boudin dans chaque main et exercez un mouvement de torsion pour créer une spirale.

5. Roulez le cylindre sur le plan de travail, en appuyant doucement et en alternant avec l'étape 4 de temps à autre pour resserrer la spirale. Le cylindre va s'allonger progressivement. Arrêtez-vous lorsqu'il atteint 30 cm de long.

attention

N'allez pas trop vite pour réduire le cylindre afin de garder une épaisseur constante, et n'appuyez pas trop avec les doigts pour limiter les empreintes.

Henriette la sucette

6. Enroulez le cylindre sur lui-même, en appuyant régulièrement avec les doigts pour souder la spirale.

7. Lorsque la spirale est complètement enroulée, enfoncez le cure-dent au milieu, doucement et en tournant un peu le cure-dent entre les doigts.

8. Créez les yeux avec deux petits boudins de pâte noire aplatis. Faites les reflets sur les yeux avec deux minuscules boules de pâte blanche.

9. Faites la bouche. Partez d'une boule et déformez-la entre le pouce et l'index pour lui donner deux pointes. Écrasez-la et relevez les pointes pour former un sourire.

10. Posez les yeux, la bouche et les joues sur le corps.

11. Cuisez selon les instructions du fabricant.

12. Mettez si besoin une pointe de colle pour fixer définitivement le bâton à la sucette.

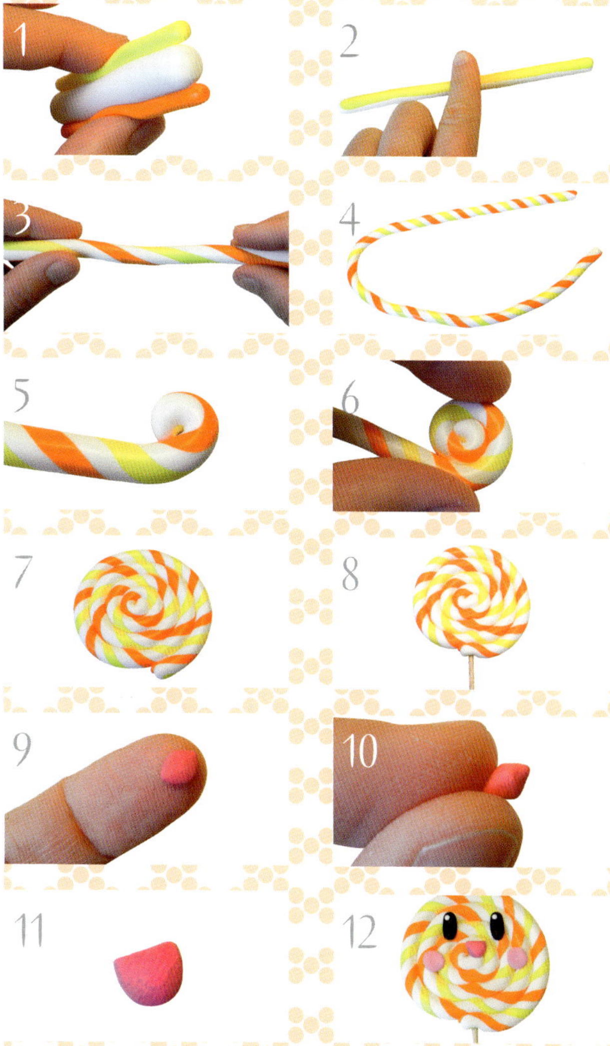

conseil

Posez la sucette sur un morceau de papier cuisson pour ne pas marquer le dos avec le plan de travail.

attention

Enfoncez le cure-dent lentement et en contrôlant toujours qu'il ne dévie pas trop en avant ou en arrière pour ne pas transpercer la sucette.

Clotaire l'éclair

Temps : 25 min / **Hauteur** : 2 cm

OUTILS :
- Cure-dent
- Couteau en plastique
- Papier sulfurisé (papier cuisson)
- Papier aluminium

MATÉRIEL :
- Pâte à choux : 1,5 ligne de pâte couleur ocre (caramel) + 1,5 ligne de pâte couleur beige (Sahara)
- Glaçage au chocolat : 1/3 de ligne de pâte polymère marron (chocolat)
- Yeux : pâte polymère noire et blanche
- Bouche : pâte polymère rose (framboise)
- Joues : pâte polymère rose clair (rosé)

Clotaire l'éclair

1. Mélangez les pâtes ocre et beige jusqu'à obtenir une couleur unie et modelez un boudin de 5 cm de long légèrement aplati.

2. Pressez une boulette de papier aluminium sur le pourtour du boudin pour le texturer.

3. Préparez le glaçage au chocolat. Formez un boudin de 4,5 cm de long avec la pâte marron et aplatissez-le entre les doigts pour former une galette allongée d'environ 2 mm d'épaisseur.

4. Posez la galette sur le grand boudin et pressez doucement pour souder les deux parties du centre vers les extrémités pour chasser les bulles d'air.

5. Préparez et posez les éléments du visage.

6. Lissez le dessus pour enlever les éventuelles traces de doigts.

7. Cuisez selon les instructions du fabricant.

8. Après cuisson, vernissez le glaçage au chocolat si vous souhaitez un rendu brillant.

Précieuse la religieuse

Temps : 30 min / **Hauteur :** 4,5 cm

OUTILS :

- Cure-dent
- Couteau en plastique
- Papier sulfurisé (papier cuisson)
- Papier aluminium

MATÉRIEL :

- Gros chou : 2,5 lignes de pâte couleur ocre (caramel)
- Petit chou : 1/2 ligne de pâte couleur ocre (caramel)
- Crème au chocolat : 1/2 ligne de pâte polymère marron (chocolat)
- Chantilly : un gros pois chiche de pâte blanche
- Yeux : pâte polymère noire et blanche
- Bouche : pâte polymère rose (framboise)
- Joues : pâte polymère rose clair (rosé)

Précieuse la religieuse

1. Conditionnez la pâte. Faites les deux choux. Avec la pâte ocre, modelez deux boules légèrement aplaties. Aplatissez la petite boule entre le pouce et l'index, et la grosse boule dans la paume des mains.

2. Préparez la crème au chocolat. Avec la pâte marron, formez deux boules : une grosse et une petite, et aplatissez-les avec les doigts pour faire deux disques d'un peu plus d'1 mm d'épaisseur.

3. Recouvrez la grosse boule avec le grand disque, la petite boule avec le petit disque. Appuyez avec votre majeur vers les bords pour chasser les bulles d'air et soudez les différentes parties.

4. Pour la chantilly, formez un boudin de 5,5 cm de long et de 2 mm de diamètre avec la plus grande partie de la pâte blanche. Reliez les deux extrémités pour former un cercle.

5. Posez ce cercle au sommet du plus gros chou et créez des stries à l'aide d'une épingle ou d'un cure-dent pour imiter la texture de la crème chantilly.

6. Posez le plus petit chou sur la crème, appuyez délicatement pour le fixer.

7. Préparez et placez les yeux, la bouche et les joues.

8. Formez un petit cône avec le reste de pâte blanche, posez-le sur le sommet du gâteau et texturez-le avec le cure-dent.

9. Cuisez selon les instructions du fabricant.

Chrysostème le cupcake à la crème

Temps : 45 min / **Hauteur :** 4,5 cm

OUTILS :
- Cure-dent
- Couteau en plastique

MATÉRIEL :
- Corps : 1 ligne de pâte polymère blanche + 1 ligne de pâte polymère transparente + 1/2 ligne de pâte polymère ocre (caramel) + 1/2 ligne de pâte polymère jaune
- Crème : 1,5 ligne de pâte polymère blanche
- Confettis : petits pois de pâte polymère de différentes couleurs pastel : rose, rose clair, violet, mauve...
- Yeux : pâte polymère noire et blanche
- Bouche : pâte polymère rose (framboise)

1. Conditionnez la pâte marron. Pour imiter la couleur de la pâte à gâteau, mélangez les pâtes blanche, transparente, caramel et jaune jusqu'à obtention d'une couleur unie.

2. Faites le corps. Formez un cylindre plat en dessous, et en cône au-dessus, en appuyant avec les doigts tout en tournant la forme sur son axe.

3. Tracez des lignes autour du gâteau en appuyant avec le cure-dent.

4. Piquetez avec le cure-dent pour imiter la texture de la pâte à gâteau.

5. Faites la crème : conditionnez la pâte blanche et faites-en un boudin de 25 cm de long. Les extrémités doivent être plus fines que le boudin.

Chrysostème le cupcake à la crème

6. Recouvrez le cupcake de « crème » en commençant par le bas.

7. Laissez tomber l'extrémité du boudin comme s'il s'agissait vraiment de crème en train de couler.

8. Enroulez le boudin de pâte blanche autour du gâteau en remontant progressivement. Appuyez de temps en temps pour vérifier que le boudin est bien fixé.

9. Terminez par une pointe.

10. Posez les yeux et la bouche.

11. Faites les confettis avec des couleurs pastel. Formez de petits cylindres et coupez-les en tranches fines.

12. Répartissez les confettis sur la crème en pressant très légèrement, assez pour qu'ils collent, mais pas trop pour ne pas les déformer.

13. Cuisez selon les instructions du fabricant.

Donatien le donut

Temps : 35 min / **Hauteur :** 2 cm

OUTILS :
- Cure-dent
- Couteau en plastique
- Outil de sculpture ou pinceau pour faire la bouche

MATÉRIEL :
- Donut : 2 lignes de pâte polymère beige (Sahara) + 1 ligne de pâte polymère ocre (caramel)
- Glaçage : 1/2 ligne de pâte polymère transparente + 1/4 de ligne de pâte polymère blanche + 1/4 de ligne de pâte polymère rose (framboise)
- Confettis : l'équivalent de 3 petits pois de pâte polymère bleu (menthe), jaune (citron) et blanc.
- Yeux : pâte polymère noire et blanche
- Dents : pâte polymère blanche
- Joues : pâte polymère rose (framboise)

1. Conditionnez la pâte. Mélangez les pâtes beige et ocre pour obtenir la couleur du donut. Creusez la boule obtenue en la pressant entre le pouce et l'index tout en tournant jusqu'à ce que la pâte se perce.

2. Lissez les bords du trou.

3. Préparez le glaçage : mélangez les pâtes transparente, blanche et rose pour obtenir un rose uni. Faites-en un disque et percez le milieu avec un cure-dent. Aplatissez et étirez le disque avec les doigts jusqu'à ce qu'il mesure 5,5 cm de diamètre.

Donatien le donut

4. Posez le disque rose sur le plan de travail, superposez-y le donut, sans trop appuyer. Travailler à l'envers vous permet de voir ce que vous faites et de bien centrer le donut.

5. Reprenez le tout en main, et pressez avec le doigt sur toute la surface du glaçage pour le souder au donut. Appuyez du centre vers les bords pour chasser toutes les bulles d'air. Lissez les empreintes.

6. Préparez les yeux, les joues et placez-les sur le glaçage. Creusez ensuite la bouche avec l'outil de sculpture ou le manche du pinceau.

7. Prenez un morceau minuscule de pâte blanche et posez-le sur le bout du cure-dent.

8. Utilisez le cure-dent pour placer le morceau de pâte dans la bouche et remontez délicatement au milieu pour former les dents.

9. Faites les confettis : avec les pâtes blanche, menthe et citron, formez des cylindres d'1 mm de diamètre. Coupez-les en tronçons de même longueur à l'aide du couteau. Répartissez ces confettis sur le dessus du donut et fixez-les en appuyant légèrement.

10. Cuisez selon les instructions du fabricant.

conseil

Ce n'est pas grave si les bords sont irréguliers, cela sera plus réaliste.

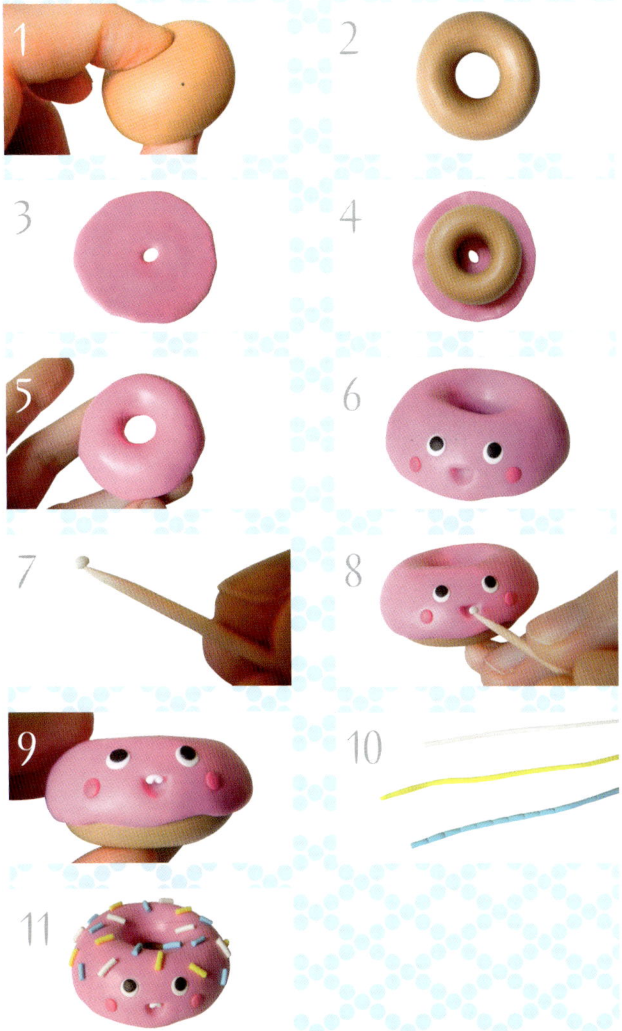

Kate le cheese-cake

Temps : 45 min / **Hauteur** : 1,5 cm sans les bougies, 3,5 cm avec les bougies

OUTILS :

- Cure-dent
- Couteau en plastique
- Emporte-pièce rond d'environ 4 cm de diamètre
- Piques à brochette en bois
- Papier sulfurisé (papier cuisson)
- Papier aluminium
- Petit pot en verre pour préparer le coulis (si possible avec un bouchon pour pouvoir conserver le mélange)

MATÉRIEL :

- Pâte sablée : 3/4 de ligne de pâte polymère ocre (caramel)
- Crème au fromage : 1,5 ligne de pâte polymère blanche + 1/2 ligne de pâte polymère jaune
- Coulis : pâte polymère liquide + peinture acrylique magenta
- Bougies : 1/4 de ligne de pâte polymère blanche + l'équivalent d'un petit pois des couleurs framboise et vert + un grain de riz de rouge et d'orange pour faire les flammes
- Yeux : pâte polymère noire et blanche
- Bouche : pâte polymère rose (framboise)
- Joues : pâte polymère rose clair (rosé)

1. Préparez le coulis de fruits rouges en mélangeant la pâte polymère liquide à une goutte de peinture acrylique magenta. Pour les bougies, préparez un boudin rayé (voir Henriette la sucette page 54).

2. Créez la « pâte sablée » avec la pâte ocre. Faites-en une boule et aplatissez-la entre les doigts pour former un disque. Placez ce disque sur le plan de travail, entre deux piques à brochette (qui vont servir de guides pour garder une épaisseur constante), et aplatissez le disque. Il va se déformer et devenir ovale. Faites-le pivoter d'un quart de tour et continuez à l'aplatir, il va alors retrouver sa forme ronde. Le diamètre du disque ocre doit être plus grand que celui de l'emporte-pièce.

Kate le cheese-cake

3. Démoulez le gâteau en pressant doucement avec les doigts du côté ocre (pour ne pas faire de traces de doigts sur le dessus). Le gâteau va sortir progressivement par le haut de l'emporte-pièce. Repassez éventuellement un petit coup de rouleau pour lisser le dessus.

4. Faites une boule de papier aluminium et pressez-la sur le pourtour du gâteau pour lui donner de la texture.

5. Préparez et posez les yeux, la bouche et les joues.

6. Faites les bougies : découpez des morceaux de 2 cm de long dans le boudin rayé. Posez les bougies sur le gâteau et appuyez légèrement pour les faire tenir.

7. Ajoutez les flammes : modelez des cônes avec des petits morceaux de pâte marbrée rouge ou orange et posez-les au sommet des bougies.

8. À l'aide du cure-dent, appliquez progressivement le coulis sur le dessus du gâteau en évitant d'abimer la surface avec la pointe du cure-dent.

9. Cuisez selon les instructions du fabricant.

conseil

Quelques coulures apporteront plus de réalisme au gâteau. Placez un morceau de papier sulfurisé sous la pâte pour éviter qu'elle ne reste collée au plan de travail.

Le lapin et ses copains

Créez votre ménagerie avec Félicien le lapin rose, Rosabelle la pieuvre de dentelle, Zéphélie la souris gourmande, Cléodile le crocodile édenté et Bertille l'écureuil.

Rosabelle la pieuvre de dentelle

Temps : 25 min / **Hauteur** : 3 cm

OUTILS :
- Morceau de dentelle

MATÉRIEL :
- Corps : 1,5 ligne de pâte polymère rose (framboise)
- Yeux : pâte polymère noire et blanche + 1/8 de ligne de pâte polymère rose

1. Préparez la pâte. Modelez un disque avec la pâte rose (reportez-vous à la partie Techniques de base page 21), il doit mesurer environ 6 cm de diamètre et 3 mm d'épaisseur. Appliquez le morceau de dentelle sur le disque et pressez-le dans la pâte avec les doigts ou au rouleau sur l'ensemble de la surface.

2. Façonnez un volume en plissant le disque de pâte avec les doigts, délicatement, pour ne pas écraser la texture.

3. Faites les yeux : modelez deux petits pois de pâte rose sur lesquels vous poserez deux petits disques blancs, et deux disques noirs plus petits.

4. Collez les deux yeux ensemble avant de les poser sur le corps. Appuyez fermement pour souder les différentes parties, tout en veillant à ne pas déformer le corps.

5. Cuisez selon les instructions du fabricant.

conseil

Disposez un morceau de papier sulfurisé sous la pâte pour éviter qu'elle n'adhère au plan de travail.

1

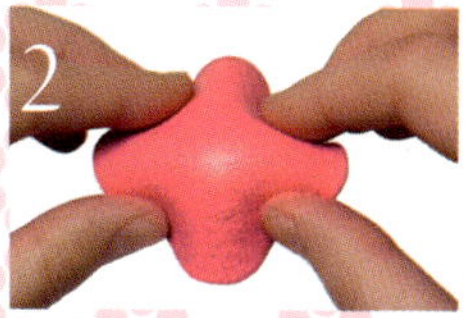

3

4

Félicien le lapin

Temps : 20 min / **Hauteur** : 4,5 cm

OUTILS :

- Cure-dent
- Outil de sculpture à bout en demi-cercle
- Aiguille

MATÉRIEL :

- Corps : 2 lignes de pâte polymère rose clair (rosé)
- Queue : 1 petit pois de pâte polymère rose clair
- Yeux : pâte polymère noire et blanche
- Joues : un petit pois de pâte polymère rose (framboise)

Félicien le lapin

1. Préparez la pâte. Façonnez un rectangle grossier, posez-le sur un des petits côtés et aplatissez-le pour faire la base.

2. Formez les oreilles. Avec l'index, marquez un creux au sommet du rectangle.

3. Tirez de chaque côté pour former les oreilles.

4. Étirez jusqu'à ce qu'elles fassent la taille désirée. Lissez pour ôter les traces de doigts.

5. Préparez et placez les éléments du visage. Tracez la bouche en enfonçant l'outil de sculpture. Prélevez un minuscule disque de pâte blanche avec l'aiguille et mettez-le en place dans la bouche, tout en remontant l'aiguille, ce qui marquera le creux des incisives.

6. Piquetez les oreilles avec l'aiguille.

7. Faites la queue : formez un petit cœur et appliquez-le dans le dos du lapin.

8. Piquetez avec l'aiguille.

9. Cuisez selon les instructions du fabricant.

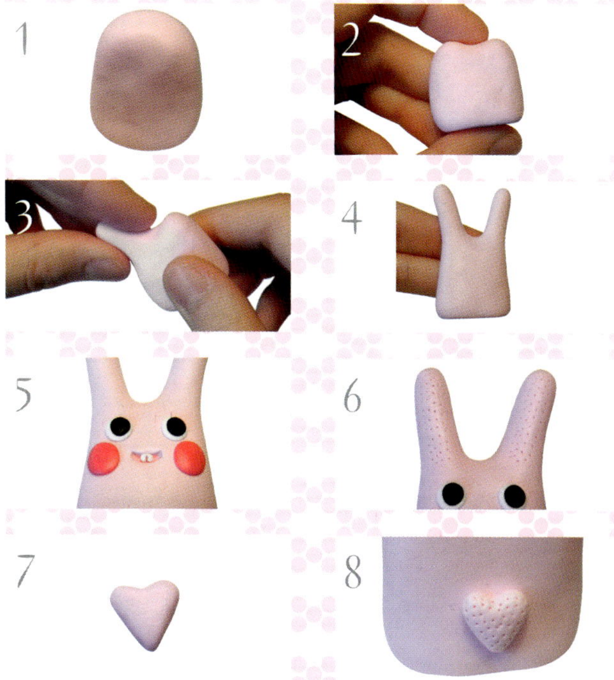

Cléodile le crocodile

Temps : 30 min / **Hauteur** : 7 à 8 cm

OUTILS :

- Cure-dent
- Aiguille
- Lame (à utiliser impérativement par un adulte)

MATÉRIEL :

- Corps : 1,75 ligne de pâte polymère verte (vert tropical)
- Pattes : 4 petits pois de pâte polymère verte
- Piquants de la queue : 1 petit pois de pâte polymère verte
- Yeux : pâte polymère noire et blanche + 2 petits pois de pâte polymère verte
- Langue : pâte polymère rose (framboise)
- Dent : pâte polymère blanche

Cléodile le crocodile

1. Modelez le corps avec un boudin d'environ 8,5 cm de long, plus fin à une extrémité. Préparez les yeux et les pattes : façonnez des cônes avec les pois de pâte. Faites les piquants de la queue en divisant le septième pois en trois boules et faites-en des cônes également. Mettez-les de côté.

2. Créez la gueule du crocodile : avec le couteau, incisez la tête sur 2 cm avec la lame.

3. Retournez la figurine et fixez les pattes en appuyant légèrement. Remettez le crocodile à l'endroit.

4. Faites la langue avec la pâte rose : formez un cylindre renflé au milieu, aplatissez-le un peu. Appuyez avec une aiguille pour tracer une ligne au milieu de la langue.

5. Ouvrez la gueule du crocodile et posez la langue dans le fond. Avec le cure-dent, faites un petit trou dans le haut du palais et placez-y un petit morceau de pâte blanche en guise de dent. Refermez la gueule, laissez-la juste entrouverte.

6. Faites les yeux : appliquez les disques blancs puis les noirs sur les deux grands cônes restants. Soudez les yeux entre eux avant de les poser sur le corps. Pressez légèrement pour les fixer sans les écraser.

7. Appliquez les 3 petits cônes mis de côté au début sur la queue. Faites trois griffes sur chaque patte et créez deux narines à l'aide du cure-dent.

8. Cuisez selon les instructions du fabricant.

Zéphélie la souris

Temps : 30 min / **Hauteur :** 5 cm

OUTILS :
- Cure-dent
- Épingle
- Pinceau
- Brosse à dents
- Couteau en plastique

MATÉRIEL :
- Corps : 1,75 ligne de pâte polymère grise (gris dauphin)
- Oreilles : un peu plus d'1/16 de ligne de pâte polymère grise
- Queue : 1/16 de ligne de pâte polymère grise
- Pattes : un peu moins d'1/16 de ligne de pâte polymère grise
- Yeux : pâte polymère noire et blanche + 1/16 de pâte polymère grise
- Fromage : 1/8 de ligne de pâte polymère luminescente
- Dents : pâte polymère blanche

1. Conditionnez la pâte. Modelez un cône avec la grosse boule de pâte grise. Égalisez-le en le roulant sur le plan de travail. Enfoncez l'extrémité du pinceau dans la partie supérieure du corps pour faire la bouche. Tracez une ligne qui divise le museau en deux à l'aide d'une épingle. Piquetez avec l'épingle de chaque côté du museau. Texturez le corps avec la brosse à dents.

2. Pour faire la queue, roulez un cylindre un peu renflé et texturez avec la brosse à dents.

3. Faites les pattes : formez deux cônes allongés et aplatissez-les un peu, puis tracez les griffes avec l'épingle.

Zéphélie la souris

4. Faites les yeux : modelez deux cônes, et posez un petit disque de pâte blanche sur la partie plate de chaque cône.

5. Faites les oreilles : formez deux disques et incisez-les avec l'épingle.

6. Posez les yeux sur le corps de la souris.

7. Faites les dents : posez une toute petite boule de pâte au bout de l'épingle et déposez-la sur le palais de la souris en appuyant au milieu pour marquer la séparation entre les dents.

8. Placez une minuscule boule de pâte noire sur chaque œil. Posez les oreilles.

9. Façonnez un morceau de fromage avec la pâte luminescente, texturez-le avec l'extrémité du pinceau et le cure-dent. Fixez le fromage sur le poitrail de la souris puis appliquez les pattes à cheval sur le corps et le fromage.

10. Enfin, fixez la queue et cuisez selon les instructions du fabricant.

attention

Assurez-vous que les oreilles sont fixées solidement, sinon elles risquent de s'affaisser à la cuisson.

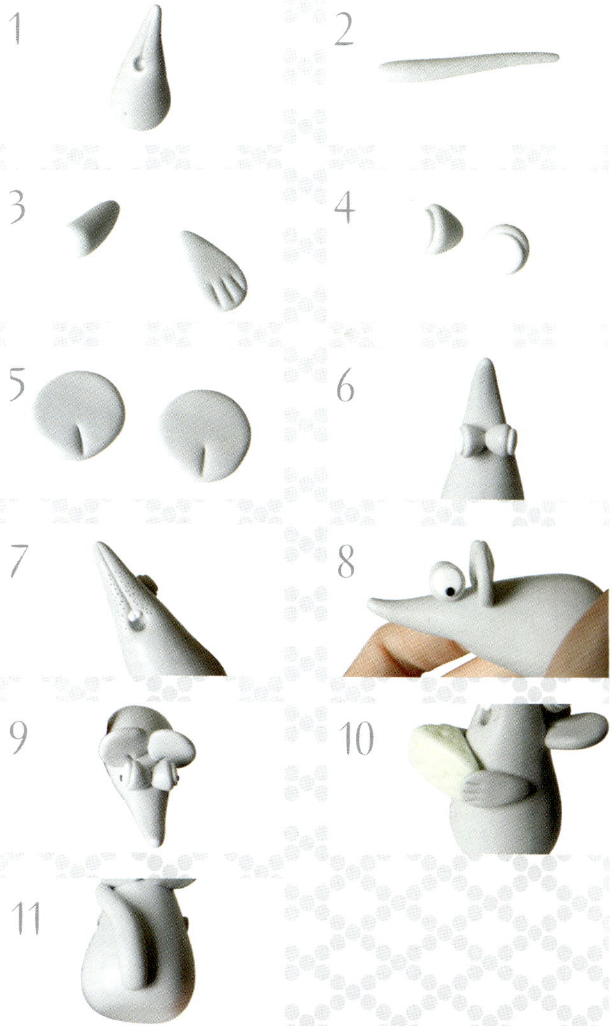

Bertille l'écureuil

Temps : 45 min / **Hauteur :** 7 cm

OUTILS :
- Épingle
- Couteau en plastique

MATÉRIEL :
- Corps : 2 lignes de pâte polymère ocre (caramel)
- Queue : 1/2 ligne de pâte polymère ocre (caramel)
- Museau et ventre : 1/8 de ligne de pâte polymère rose clair (rosé)
- Yeux et truffe : pâte polymère noire

1. Conditionnez la pâte. Formez le corps avec la pâte ocre. Façonnez une boule puis creusez-la en enfonçant l'index progressivement tout en tournant.

2. Creusez ainsi les deux tiers du corps en veillant à ce que les parois fassent toujours au moins 3 mm d'épaisseur.

3. La forme va s'allonger peu à peu. Au besoin, resserrez les parois en appuyant à l'extérieur. Idéalement, il faut pouvoir glisser le petit doigt presque en entier dans la forme.

conseil

Il vaut mieux avoir les ongles coupés courts pour ne pas accrocher la pâte.

Bertille l'écureuil

4. Pincez légèrement le haut du corps.

5. Façonnez deux petites pointes tout en haut pour les oreilles.

6. Pincez les oreilles pour les terminer en pointe.

7. Pour la queue, façonnez un cylindre à l'extrémité renflée et donnez-lui une texture à l'aide d'une épingle.

8. Fixez la queue à l'arrière du corps.

9. Créez deux cavités à la place des yeux avec la tête d'une épingle, puis enfoncez-y deux minuscules boules de pâte noire.

10. Modelez un petit boudin de pâte rose et appliquez-le en guise de museau. Incisez-le avec une aiguille pour représenter la bouche et piquetez de chaque côté. Utilisez un petit morceau de pâte noire pour faire le nez.

11. Faites le ventre. Formez un disque étiré avec la pâte rose.

12. Appliquez cette forme sur le milieu du corps. Pressez du milieu vers les extrémités pour chasser les bulles d'air. Texturez le ventre avec l'épingle. Cuisez selon les instructions du fabricant.

conseil

Cardez un doigt à l'intérieur pour ne pas déformer le corps en manipulant la figurine.

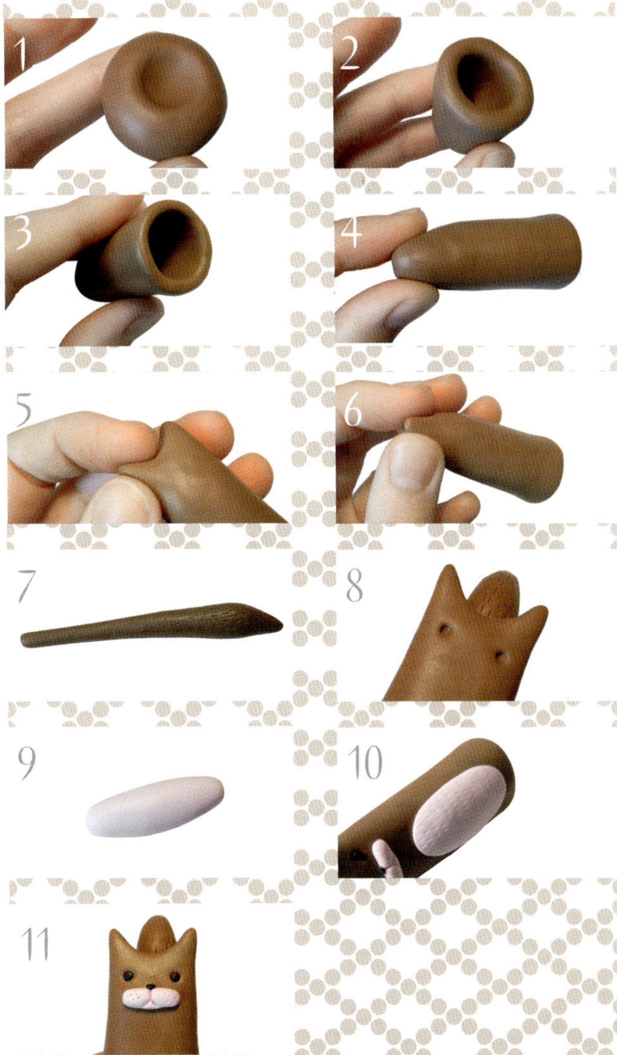

Les grands monstres

Amusez-vous avec ces grands monstres, dont la gentillesse est proportionnelle à la monstruosité !

Les figurines plus complexes de ce chapitre vous permettront de mettre à profit les techniques apprises précédemment.

Janus le clown

Temps : 45 min / **Hauteur** : 4,5 cm

OUTILS :
- Outil de sculpture à bout arrondi
- Aiguille
- Lame

MATÉRIEL :
- Corps : 2 lignes de pâte polymère grise (gris dauphin)
- Jambes : 5/8 de ligne de pâte polymère grise (gris dauphin)
- Pieds : 1/4 de ligne de pâte polymère dorée
- Bouches : un petit pois de pâte polymère rose (pourpre)
- Yeux : pâte polymère noire et blanche
- Sourcils : pâte polymère noire
- Joues : pâte polymère rose clair (lavande)
- Nez : un petit pois de pâte polymère violette (prune)
- Chapeau : pâte polymère noire + canne rayée noire et blanche

Janus le clown

1. Conditionnez la pâte. Modelez un œuf avec deux lignes de pâte grise pour faire le corps. Façonnez les jambes avec le reste de pâte grise : roulez un cylindre de 14 cm de long et coupez-le en deux parties égales avec la lame.

2. Avec les 4 boules de pâte dorée, façonnez quatre cônes arrondis et légèrement aplatis.

3. Texturez les semelles avec l'épingle.

4. Décorez le dessus des chaussures avec le cure-dent.

5. Ajoutez une chaussure à l'extrémité de chaque jambe.

6. Posez les jambes en X sur le plan de travail, en ayant pris soin d'y placer au préalable un morceau de papier cuisson.

7. Pressez légèrement les jambes entre elles, puis appuyez sur le dessus de la jonction pour former un petit creux dans lequel caler le corps.

8. Fixez le corps sur les jambes, bien au milieu.

9. Les bouches sont deux boudins aplatis. Marquez les lèvres à l'aide de l'aiguille. Recourbez chaque bouche. Les deux bouches sont faites exactement de la même façon, la seule différence est le sens de la pose.

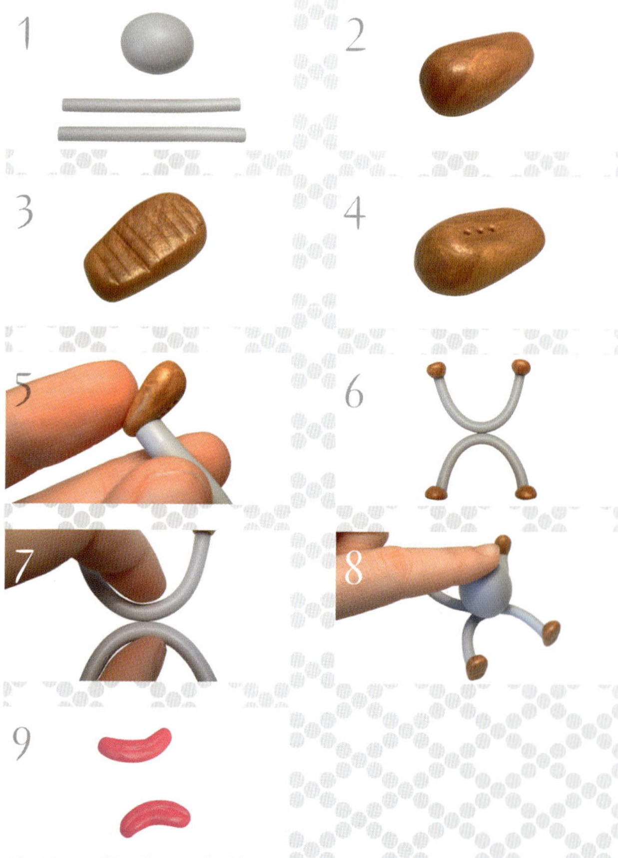

Janus le clown

10. Pour les sourcils, préparez une petite plaque fine de pâte noire et découpez-y douze petits triangles.

11. Préparez les yeux avec quatre disques blancs et quatre disques noirs un peu plus petits. Posez les éléments sur le premier visage, avec la bouche à l'endroit pour former un sourire.

12. Posez les éléments du deuxième visage, avec la bouche à l'envers pour esquisser une grimace.

13. Pour faire le chapeau, coupez un morceau dans la canne rayée.

14. Découpez ensuite un rectangle dans une fine plaque de pâte noire.

15. Assemblez les deux parties et placez le chapeau sur la tête.

16. Formez deux cônes avec la pâte violette et fixez-en un sur chaque visage en guise de nez.

17. Cuisez selon les instructions du fabricant.

conseil

Pour positionner précisément de petits éléments comme les sourcils, attrapez-les avec un cure-dent ou, encore mieux, avec un peu de pâte adhésive.

René Longue-Vue

Temps : 45 min / **Hauteur** : 7 à 8 cm

OUTILS :

- Outil à petit bout rond pour imprimer des pois, ou un cure-dent, etc.
- Outil de sculpture large à bout pointu ou stylo à bille usagé
- Cure-dent
- Épingle
- Couteau en plastique

MATÉRIEL :

- Corps : 2 lignes de pâte polymère blanche + 1 ligne de pâte polymère bleue (pacifique) + 1 ligne de pâte polymère turquoise (menthe)
- Yeux : pâte polymère noire et blanche
- Dents : pâte polymère blanche
- Langue : pâte polymère rose (framboise)

1. Conditionnez la pâte et modelez le corps. Un peu comme pour le lapin, partez d'un rectangle grossier puis affinez la forme. La base doit être plus large que le reste du corps. Étirez les angles supérieurs pour ébaucher les antennes.

2. Faites la bouche : percez un trou au milieu du corps en appuyant avec les doigts ou avec l'outil de sculpture. Lissez avec le doigt.

3. Améliorez la forme des antennes en les étirant et en les rendant plus régulières. Coupez les extrémités si vous voulez que les antennes aient un bout plat, sinon laissez-les arrondies.

attention

Ne faites pas les antennes trop fines, car elles risqueraient d'être trop fragiles et de se déformer au cours de la cuisson.

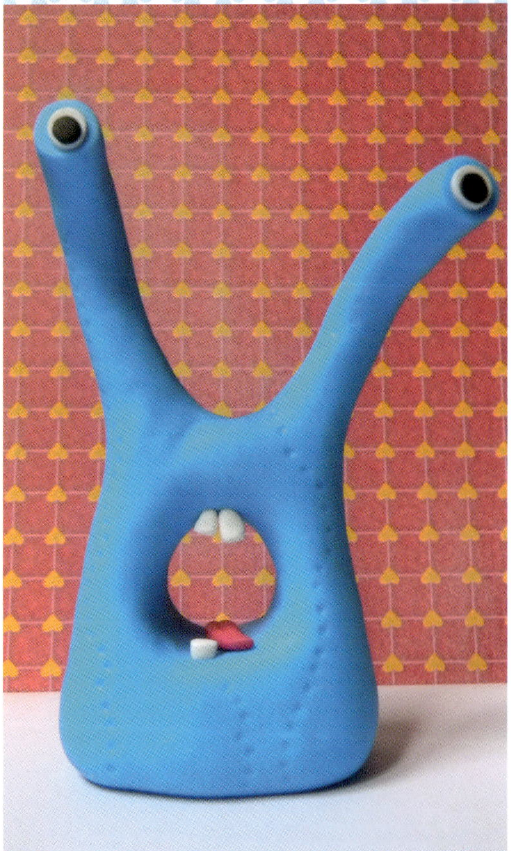

René Longue-Vue

4. Posez les yeux au bout des antennes : d'abord une pastille blanche, puis une pastille noire plus petite. Avec l'outil à bout arrondi ou un cure-dent, imprimez des lignes de petits points qui ondulent sur le corps.

5. Coupez en tronçons un petit boudin aplati de pâte polymère blanche pour faire les dents.

6. Creusez de petites cavités dans la bouche avant d'y enfoncer les dents, elles seront ainsi plus solidement fixées.

7. La langue est un morceau de pâte allongé et pointu à une extrémité. Faites une entaille en appuyant légèrement une épingle sur le dessus de la langue, tordez-la un peu pour lui donner du mouvement.

8. Mettez les dents et la langue en place.

9. Cuisez selon les instructions du fabricant.

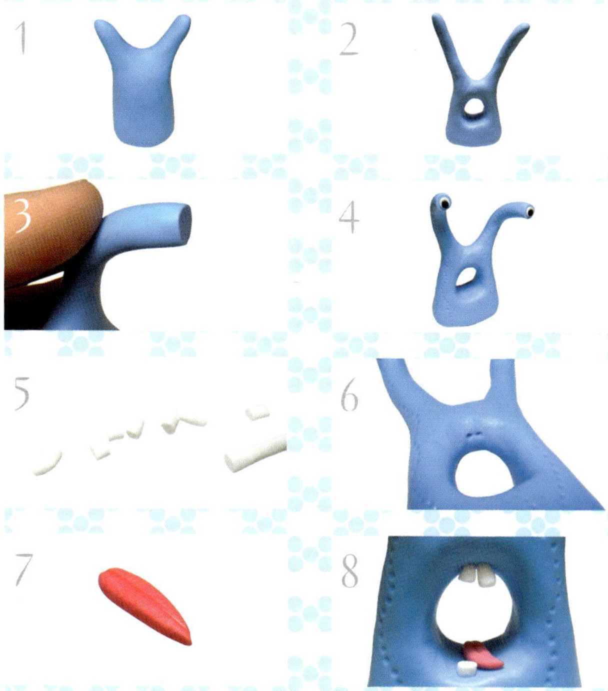

Henri Salsifi

Temps : 35 min / **Hauteur :** 6,5 cm

OUTILS :

- Cure-dent
- Cutter (à utiliser sous la surveillance d'un adulte)
- Épingle

MATÉRIEL :

- Corps : 4 lignes de pâte polymère turquoise (menthe)
- Visage : 1/16 de ligne de pâte polymère couleur chair (Sahara)
- Yeux : 2 tranches de millefiori à motif cible
- Bouche : pâte polymère blanche

Henri Salsifi

1. Conditionnez la pâte. Formez un cylindre plus fin au milieu. Le bas doit être légèrement plus grand que le haut.

2. Aplatissez la base du corps.

3. Formez la tête. Commencez à l'aplatir et à l'étirer.

4. Pincez le haut de la tête entre les doigts pour obtenir une arête fine. Rectifiez le cou si besoin.

5. Tracez sur la tête les contours des pics avec une épingle. Découpez-les avec la lame. Rectifiez les bavures et lissez les irrégularités avec le doigt.

6. Faites le visage : modelez un boudin avec la pâte couleur chair puis aplatissez entre les doigts.

7. Appliquez le visage sur la tête.

8. Découpez deux tranches fines dans la canne cible. Mettez en place les yeux et la bouche. La bouche est un petit boudin aplati et incisé avec la lame pour marquer les dents.

9. Cuisez selon les instructions du fabricant.

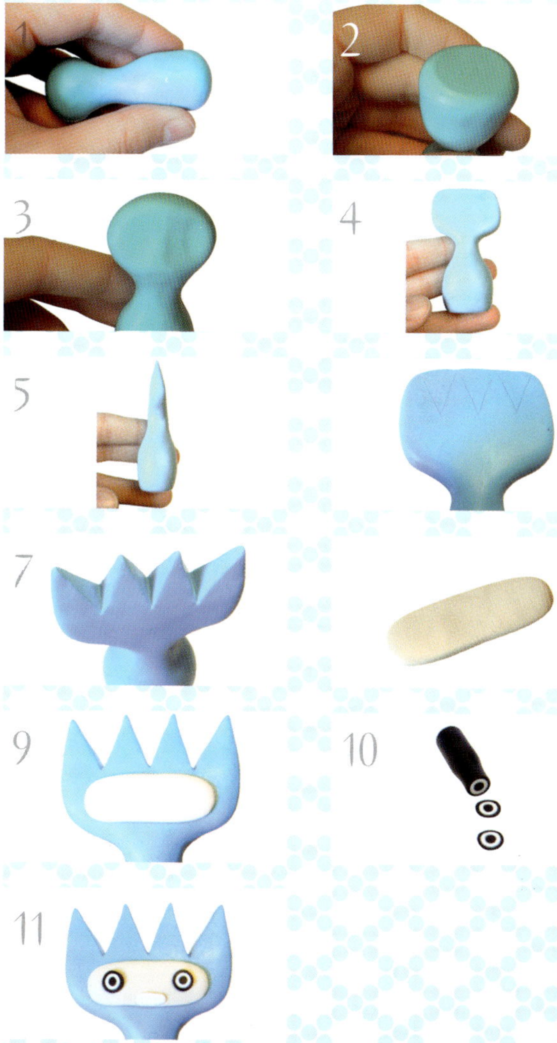

Lulu le monstre poilu

Temps : 90 min / **Hauteur :** 4,5 cm

OUTILS :
- Cure-dent
- Lame (à utiliser sous la surveillance d'un adulte)
- Outil de sculpture à bout en demi-cercle

MATÉRIEL :
- Corps : 2 lignes de pâte polymère vert pomme + 2 lignes de pâte polymère blanche
- Poils : 1 ligne de pâte polymère vert pomme + 1 ligne de pâte polymère blanche
- Visage : une petite boule de pâte polymère couleur chair (Sahara)
- Yeux : pâte polymère noire
- Joues : pâte polymère rose clair (lavande)

1. Mélangez la pâte verte et la pâte blanche jusqu'à obtenir un vert amande uni. Le corps est un rectangle arrondi qui s'élargit très légèrement vers le bas, avec une base plate.

2. Formez un boudin avec la pâte couleur chair et aplatissez-le pour former le visage. Pressez-le sur le haut du corps.

3. Pour faire les « poils », façonnez un colombin de 3 mm de diamètre avec la pâte vert clair. Pour le manipuler plus facilement, divisez-le en plusieurs tronçons.

4. Débitez-le ensuite en morceaux d'1 cm de long. Pincez l'extrémité de chaque morceau pour lui donner une forme effilée. Il va falloir vous armer de patience, mais le résultat en vaut la chandelle !

conseil

Pour aller plus vite, vous pouvez aussi utiliser un claygun (une seringue à pâte) pour créer le colombin.

Lulu le monstre poilu

5. Posez les poils, en commençant par le bas, rangée par rangée, et en remontant petit à petit. Pressez la base de chaque poil sur le corps pour bien la fixer, et laissez l'extrémité libre afin de donner un effet plus vivant au pelage. Positionnez soigneusement les poils qui encadrent le visage.

6. Préparez les détails du visage : formez un fil de pâte noire et coupez-en deux morceaux de quelques millimètres de long.

7. Recourbez-les et posez-les sur le visage à l'aide du cure-dent. Pressez tout doucement. Faites les joues.

8. Incisez le visage avec l'ongle ou un outil de sculpture pour former la bouche.

9. Posez les derniers poils jusqu'en haut du crâne. Vérifiez que tous les poils sont bien fixés, et qu'il n'y en ait pas un qui dépasse trop (il faut pouvoir attraper la créature sans la casser, une fois qu'elle sera cuite).

10. Cuisez selon les instructions du fabricant.

conseil

Vous pouvez aussi plaquer les poils contre le corps pour obtenir un effet plus « coiffé ».

Archibald au grand chapeau

Temps : 45 min / **Hauteur** : 4,5 cm

OUTILS :
- Cure-dent
- Morceau de dentelle
- Pince coupante
- Pince plate

MATÉRIEL :
- Chapeau : 1,5 ligne de pâte polymère violette (prune) + 1/8 de ligne pour le rebord
- Corps : 3/4 de ligne de pâte polymère grise (gris dauphin)
- Pieds : 1/8 de ligne de pâte polymère dorée
- Yeux : pâte polymère noire et blanche
- Bouche : pâte polymère rose vif (framboise)
- Joues : pâte polymère rose clair (lavande)
- Jambes : tranche épaisse de millefiori rayé noir et blanc
- Armature : fil métallique de 0,8 à 1 mm d'épaisseur

Archibald au grand chapeau

1. Conditionnez la pâte. Faites le corps. Modelez un parallélépipède de 1,5 x 3 cm de côté sur 1 cm d'épaisseur environ (reportez-vous à la partie Techniques de modelage page 21). Modelez d'abord avec les doigts puis égalisez au rouleau.

2. De la même façon, faites le chapeau : façonnez un carré de 3 cm de côté et d'environ 1 cm d'épaisseur.

3. Enveloppez ce carré dans le morceau de dentelle et pressez doucement entre les doigts, d'abord les deux faces principales, puis les faces latérales.

4. Faites le rebord du chapeau. Formez un boudin de 7 cm de long avec le petit morceau de pâte violette, aplatissez-le.

5. Repliez ce boudin pour former un rectangle arrondi. Coincez ce rectangle entre deux épaisseurs de dentelle et pressez pour appliquer la texture.

6. Mettez en place le rebord sur le chapeau.

7. Préparez et posez les yeux, la bouche et les joues sur le corps.

8. Empilez le corps et le chapeau, bien alignés sur le même axe, et pressez.

Archibald au grand chapeau

9. Faites les jambes. Commencez par couper deux morceaux de fil métallique de 1,5 cm de long. Coupez ensuite une tranche de 4 mm d'épaisseur dans la canne rayée puis recoupez deux morceaux de 4 mm de large dans cette tranche. Ils doivent mesurer environ 1 cm de long. Enfoncez un morceau de métal dans chaque jambe du côté blanc. Le métal doit aller jusqu'au bout de la jambe, mais ne doit pas ressortir du côté noir.

10. Positionnez les jambes sur le corps.

11. Enfoncez le fil métallique dans le corps. Il doit dépasser de 1 ou 2 mm.

12. Faites les pieds : formez deux petits boudins avec la pâte dorée. Aplatissez-les et imprimez la texture de la dentelle sur la semelle.

13. Posez les pieds au bout des jambes sans écraser la texture. Cuisez selon les instructions du fabricant.

10

11

12

13

14

attention

Les différentes parties en pâte polymère doivent être en contact les unes avec les autres, le métal sert juste à rendre la figurine plus solide.

Galerie

Voici un petit échantillon des figurines réalisées par les enfants lors des ateliers

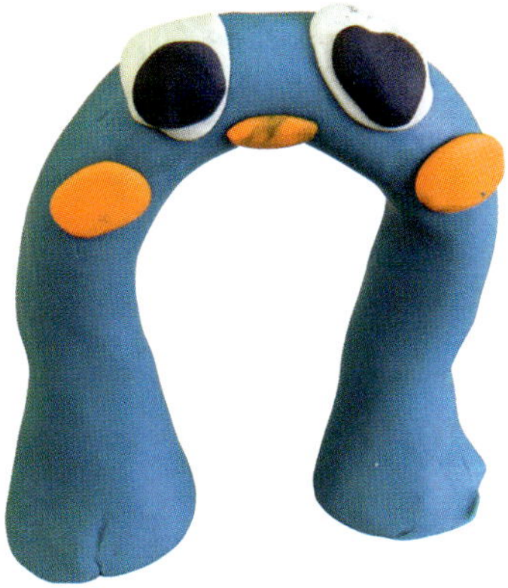

Carnet d'adresses

Le blog de l'auteur

www.lesfollesmarquises.fr

Fournisseurs pour la pâte polymère, outils et apprêts

Magasins de fournitures pour les beaux-arts et loisirs créatifs.

Certaines grandes enseignes de jouets.

Perles & Co : http://www.perlesandco.com

Inspiration

Sites généralistes

Parole de pâte, site communautaire français sur la pâte polymère : http://paroledepate.canalblog.com

Polymer Clay Daily, site américain qui présente chaque jour une sélection des plus belles créations en pâte polymère :

http://polymerclaydaily.com

Figurines en pâte polymère

Meredith Dittmar : http://www.corporatepig.com

Doreen Gay Kassel : http://www.doreenkassel.com

Camille Young : http://camilleart.com

Naï : http://prettywhitefairy.blogspot.fr

Afsaneh Tajvidi : http://www.joojoo.me

Marlou B. : http://marloub.blogspot.fr

Sculptures en papier mâché

KriSoft : http://krisoft.canalblog.com

Chloé Rémiat : http://tibout.canalblog.com

Poupées de chiffon et doudous

Julie Adore : http://www.julieadore.com

Evangelione : http://www.evangelione.com

Ketty Sean : http://kettysean.net

L'echarlotte : http://www.echarlotte.fr

Remerciements

Merci...

À ma mère pour m'avoir transmis sa passion pour la création et offert mes premiers blocs de pâte polymère.

À Grégory sans qui je n'aurais peut-être jamais eu l'idée de ce livre.

À Patrice pour ses fameuses tartes et toutes les montagnes de vaisselle faites à ma place (et pour m'avoir supportée pendant la rédaction de cet ouvrage...).

À Anne-Charlotte pour ses conseils, pour m'avoir servi de cobaye, et pour ses raviolis du mardi.

À ma sœur Hélène qui (quand nous ne nous chamaillions pas) m'aidait à faire des pâtisseries miniatures pour nos poupées, il y a bien longtemps...

À Patricia de m'avoir relue (moi qui me croyais parfaite !).

À Xavier d'aimer mes babioles.

À mes amis pour leurs encouragements.

Aux enfants des ateliers créatifs pour leur enthousiasme et leur inventivité.

À Emmanuelle Prot de m'avoir fait confiance pour mon premier ouvrage.

Et à tous les gens que j'ai oubliés (ce qui fait probablement beaucoup de monde)...

La conception et l'impression des ouvrages sont 100% "made in Europe". Tous les papiers utilisés répondent aux normes européennes, nos imprimeurs ont des unités de production modernes et respectant les contraintes environnementales. Notre choix a également un impact direct sur l'emploi en Europe.

100% fabriqué en Europe

Imprimé en U.E

Dépôt légal mars 2014